PRISIONERO DEL HALO

ExLibric

JESÚS MUÑOZ FERNÁNDEZ

PRISIONERO DEL HALO

EXLIBRIC

ANTEQUERA 2026

PRISIONERO DEL HALO
© Jesús Muñoz Fernández
Diseño de portada: Jesús Muñoz Fernández y Dpto. de Diseño Gráfico Exlibric

Iª edición

© ExLibric, 2026.

Editado por: ExLibric
c/ Cueva de Viera, 2, Local 3
Centro Negocios CADI
29200 Antequera (Málaga)
Teléfono: 952 70 60 04
Fax: 952 84 55 03
Correo electrónico: exlibric@exlibric.com
Internet: www.exlibric.com

ISBN: 979-13-88255-26-7
Depósito Legal: MA 505-2026

Impresión: PODiPrint
Impreso en Andalucía – España

Nota de la editorial: ExLibric pertenece a Innovación y Cualificación S. L.

JESÚS MUÑOZ FERNÁNDEZ

PRISIONERO DEL HALO

Breve nota del autor

Jesús Muñoz Fernández (Granada, España) es un autor que escribe desde la experiencia y la fe. Tras una operación de columna que lo mantuvo treinta y tres días hospitalizado, decidió narrar su viaje de supervivencia, esperanza y superación en *Prisionero del halo*, una obra que busca acompañar y dar voz a quienes luchan por volver a la vida.

A quienes creen en la fuerza de la palabra,
a quienes aún se atreven a escuchar los silencios.

A mi madre

A mi madre, que estaba viva cuando escribí estas páginas y que hoy vive en cada una de ellas.

Este libro nació en un momento en el que aún podía llamarte, escucharte, sentir tu presencia incluso en la distancia. Mientras lo escribía, sin saberlo, ya estabas sosteniéndome. Hoy ya no estás. Ahora entiendo mejor muchas cosas.

Entiendo de dónde salió la fuerza, la calma en medio del miedo, la forma de no rendirme cuando todo pesaba.

Este libro habla de un hospital, de la fragilidad de la mente y la resistencia del cuerpo, pero también habla de amor. Del amor que una madre deja sembrado y que sigue acompañando incluso cuando la vida te cambia para siempre.

Ahora estas páginas también son un lugar donde seguir encontrándote.

Con todo mi amor, tu hijo.

Jesús

Agradecimientos

Quiero agradecer profundamente a quienes han caminado a mi lado en este proyecto.

A mi familia, por su apoyo incondicional.

A los amigos que, con su escucha atenta, fueron el primer eco de esta obra.

Y a cada lector, porque sin vosotros este libro no tendría sentido.

Epígrafe dedicado al Dr. Antonio Pérez Abela

A mi médico, el Dr. Antonio Pérez Abela, del Hospital Virgen de las Nieves de Granada, por devolverme la vida con sus manos, pero, sobre todo, por sanar mi alma con su humanidad.

Porque su voz calmada, su entrega y su fe en mí fueron la medicina que ningún bisturí puede ofrecer.

Jesús Muñoz Fernández

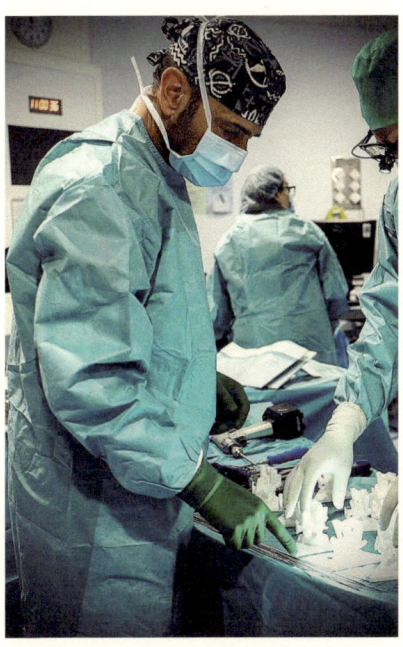

Índice

Prólogo del autor

Es la historia de mis hijas, de cuatro y un año, cuyas risas y dibujos fueron mi luz en los días más oscuros.

Es la historia de mi madre, de ochenta y tres años, en aquel momento, y ahora tristemente fallecida, cuya fe inquebrantable me sostuvo cuando la mía flaqueaba.

Es la historia de Yolanda, mi amor, mi roca, que carga mi dolor como si fuera suyo.

Es la historia de Migue y Silva, mis hermanos, cuyos gestos, grandes y pequeños, me recordaron que la familia es el hogar al que siempre vuelves.

Es la historia de que los sueños se cumplen gracias a la grada de animación que te hace sentir uno más de ellos; sobre todo cuando eres seguidor del club de tu ciudad, como es el Granada C. F.

Es la historia del Dr. Antonio Pérez Abela, al que quiero como uno más de la familia, y gracias a Dios, o llamarlo como quieras, y cuyas manos expertas no solo repararon mi columna una vez más, sino que se involucró en mi destino, preocupándose más allá del deber, no como médico, sino como persona, ya que sus manos y su buen hacer me dieron la oportunidad de escribir estas palabras.

Cuando el halo se instaló en mi cabeza, pensé que el dolor físico sería lo peor. Diez días con tornillos perforando mi cráneo e inmovilizando mi cuerpo me enseñaron que el dolor del cuerpo es pasajero, pero el dolor de la mente, el peso de la culpa por estar lejos de mis hijas, por hacer sufrir a mi madre, por depender para todo de Yolanda, mi esposa… ese dolor era una cárcel más cruel. Y luego vino el aislamiento, veintitrés días más los diez con el halo puesto, en los que el silencio del hospital durante la noche se convirtió en un espejo, reflejando mis miedos más profundos: ¿Volvería a ser el hombre que mi familia necesitaba? ¿Podría cumplir las promesas que les hice?

No ha sido un camino fácil escribir estas memorias. Cada palabra es un recuerdo. Cada página es un paso hacia atrás a un tiempo que aún duele. Pero también es un testimonio, una forma de honrar a aquellos que caminaron conmigo en esos treinta y tres días, y una carta a quienes enfrentan su propio halo, su propio hospital, su propio miedo y su propia soledad.

No pretendo tener todas las respuestas. No pretendo ser un héroe. Solo soy un hombre que, en el borde de la desesperación, encontró fuerza en el amor, en la fe, en las bromas, en las risas. Un hombre que por un momento no pensaba en el dolor y en la simple pero inmensa verdad de que, mientras haya alguien esperándonos, vale la pena luchar. Esa eterna lucha que llevo tatuada en mi brazo izquierdo, el cual me recuerda que en esta vida hay que luchar, y solo luchando las metas llegan.

Estas páginas son mi viaje: desde el día en el que todo cambió, cuando el diagnóstico me arrancó de mi vida normal, hasta el momento en el que volví a casa, cambiado, pero entero. Son un reflejo de las noches oscuras, cuando el miedo susurraba que no sería suficiente, y de los amaneceres, cuando el amor de mi familia me recordaba que sí lo era. Son un homenaje a las manos que me salvaron, a las voces que me sostuvieron, a las sonrisas que me trajeron de vuelta. Y, sobre todo, son una promesa cumplida: la de no rendirse, la de luchar, la de volver a mis hijas, la de volver a mi madre y a Yolanda, mi esposa, mi vida.

Si estás leyendo esto, tal vez, solo tal vez, estés enfrentando tu propio halo, tu propia prisión. Tal vez sientas que el silencio es demasiado grande, que el miedo es demasiado fuerte. No te diré que no duele ni que es fácil. Pero te diré esto: no estás solo. En algún lugar hay alguien que reza por ti, que dibuja dibujos sin sentido y que te espera con una sonrisa. Y ese amor, aunque no puedas verlo, es más fuerte que cualquier tornillo, cualquier operación o cualquier soledad. Agárrate a él. Lucha por él. Porque yo lo hice, y aquí estoy, escribiendo estas palabras: vivo y agradecido.

1

El día que todo cambió

Hay días que comienzan como cualquier otro, con la luz del sol colándose por las cortinas y el aroma del café flotando en el aire, pero terminan rompiendo el mundo que conoces. Para mí, ese día empezó en nuestra casa de Granada, con las risas de mis hijas de cuatro y un año resonando en el salón. Sus voces eran un canto que creía eterno. Yolanda, mi amor, estaba preparando los desayunos. Su voz suave se mezclaba con las sonrisas de las niñas. Mi madre, de ochenta y tres años, estaría tomándose su café, como cada mañana, en casa, probablemente con su tostada en la mano, sentada en la cocina, al lado de su canario, y mientras se la comía le hablaría al canario: «¿Dónde está mi pajarillo?», como siempre. Pero entonces, un dolor agudo, como un cuchillo traicionero, atravesó mi espalda, y supe, en algún rincón profundo de mi alma, que nada volvería a ser igual.

El dolor no era nuevo. Había estado allí, como un murmullo, durante semanas, escondido entre las mañanas jugando con mis hijas y las noches planeando con Yolanda. Lo atribuí al cansancio, a las horas jugadas con las niñas o a estar ayudando a mi madre con sus cosas. Pero esa mañana, cuando el dolor me dobló en el baño, un grito escapó de mí, y Yolanda apareció en la puerta con los ojos abiertos de alarma.

—¿Qué pasa, cariño? —me preguntó con voz firme, pero teñida de miedo.

Intenté sonreír, decir que no era nada, pero el sudor en mi frente y el temblor en mis manos la convencieron de lo contrario.

—Nos vamos al hospital —dijo sin darme opción, y por su tono supe que el día ya no nos pertenecía.

En el coche, rumbo al Hospital de Traumatología de Granada, el silencio era pesado, roto solo por el zumbido del motor, el latido de mi propio corazón y algunas canciones que salían en la radio.

Mis hijas se habían quedado en la casa de mis cuñados, Rosa y Evaristo. Sus rostros estaban confundidos mientras Yolanda les prometía que volveríamos pronto. La mayor, con su mirada seria, no estaba muy convencida, pero la menor, se quedó jugando con sus tíos y su primo Rafael, como si el tiempo no pasara por ella y sin darle la importancia que realmente tenía.

Yolanda apretó mi mano, como si quisiera transferirme su fuerza, pero yo no podía dejar de pensar en ellas, en mi madre, en la vida que parecía escaparse con cada kilómetro que recorría. ¿Y si no volvía? ¿Y si este dolor era el principio del fin?

En el hospital, el caos ordenado de la sala de urgencias me envolvió: el olor a desinfectante, el eco de pasos apresurados, las voces de enfermeras dando instrucciones.

Yolanda no soltó mi mano; su presencia era un faro en la tormenta. Pronto nos llevaron a una consulta, y allí, después de ver las pruebas que me hicieron, asombrados y con una calma que contrastaba con mi pánico, apareció el doctor de urgencias que estaba de guardia esa tarde-noche. Sus ojos, bajo unas cejas casi perfectas, eran serios, pero amables, y su voz, cuando habló, cortó como un bisturí:

—La resonancia muestra una fractura en los instrumentos de la operación pasada— dijo, señalando una imagen en la pantalla. —De ahí el dolor que vienes soportando con grandeza. Lo tiene que ver el doctor que lleva tu caso, pero pensamos que es grave —continuó explicando.

Poco tiempo después, recuerdo que era un miércoles, mientras estaba mandando unos correos electrónicos, sonó mi teléfono móvil que estaba en la parte derecha de mi escritorio: era un número que no reconocía y, aunque en estos casos no suelo coger el teléfono, decidí cogerlo, y cuál fue mi sorpresa, ¿quién era?: era el Dr. Antonio Pérez Abela, recuerdo sus palabras:

—Hemos estudiado tu caso entre compañeros y hemos decidido que te vengas mañana mismo. Es grave. Necesitamos estabilizar la columna con un halo. Lo tenemos todo preparado para el viernes, estarías con él unos días, y luego te operamos.

Esas fueron sus palabras, directas, como es él. La palabra «halo» sonó casi poética, pero su explicación fue un mazazo: tornillos en el cráneo y semanas de movilidad reducida. Tendría que dormir, ducharme y andar con él puesto.

Una cirugía que, a la hora de operar, fuese menos agresiva, ya que la columna sentía cómo tiraba de mí y, a la vez, el trabajo de la operación sería más «fácil».

Miré a Yolanda, buscando su fuerza, pero incluso ella, mi roca, tenía los ojos vidriosos y los dedos apretando los míos hasta doler.

—¿Cuáles son los riesgos? —pregunté, mi voz apenas era un susurro.

—Infección, complicaciones… Hay que tener en cuenta que serían diez días con el peso, aunque lo normal son veinte, pero haremos todo lo posible —me dijo el médico.

Me acuerdo perfectamente de ese período. Dos kilos por día, incluso tendrían que poner más peso encima de mis piernas para no caerme hacía atrás por la fuerza de tantas pesas tirando de mi cabeza.

Yo, en broma, le decía a mi mujer, Yolanda: «Mira, he crecido», y ella me respondía con una sonrisa.

Una de las veces entró en la habitación mi doctor, Pérez Abela, con su calma, un contraste cruel con la tormenta en mi pecho, diciéndome que haría todo lo posible, que yo era un tío fuerte. Esas palabras se clavaron en mí. Se grabaron a fuego en mi mente con el eco de incertidumbre que en ese momento era mi vida.

Días antes de todo esto, antes de la hospitalización, intenté aferrarme a la normalidad, como si pudiera detenerme en el tiempo. Mis hijas me arrastraron al sofá. La menor, Ángela, que estaba trepando sobre mí como si con ella no pasara nada, o, mejor dicho, como si no se diera cuenta de nada. Era lo mejor tanto para ella como para mí. La grande, Yolanda me decía: «¡Papá, jugamos juntos!». Su risa era un bálsamo que no podía curar la herida que crecía en mí. La mayor me miró con una intensidad que me desarmó. «Estás raro», pensó, y quise contárselo. Quería explicarle que papá podría no estar por un tiempo, que tenía que ser fuerte, y como hermana mayor tenía que cuidar de la pequeña y, sobre todo, de mamá, pero las palabras se me atoraron.

En su lugar dibujé una sonrisa, cualquier cosa para mantener las suyas. Pero la culpa ya estaba allí, susurrando: ¿Y si este es tu último día con ellas? ¿Y si no vuelvo?

Esa tarde, con mis hermanos, Migue y Silvia, a mi lado fuimos a ver a mi madre. Le tuve que contar todo lo que pasaba y lo que me iban a hacer. También le conté que no podría verme durante un tiempo; eso le sentó como un puñal que le atravesó el corazón, pero sus palabras fueron:

—Hijo, tú eres fuerte. Hemos salido de cosas más difíciles. —Su voz temblaba debido a los ochenta y tres años que cargaba; su rosario, probablemente, estaba apretado en sus manos.

No me sentía fuerte. Me sentía roto, un hombre que no podía prometerle a su madre que estaría bien, que no podía asegurarles a sus hijas que regresaría.

Yolanda, sintiendo mi tormenta, tomó mi mano y me dijo:

—Lo enfrentaremos juntos, como hemos hecho con otras operaciones.

Aunque el miedo no se fue, su amor era un faro.

Recordé una tarde, años atrás, cuando cenando en un lugar tranquilo nos reíamos de nuestras cosas y yo me quedaba con cara de tonto mientras ella se reía. «Seguimos tomándonos algo, cariño», dijo entonces. Ahora, con el hospital acechando, intenté seguir su ritmo, pero el miedo era un tambor más fuerte.

Migue, mi hermano, llamó esa noche para intentar aligerar el aire con una broma:

—¡Hermano, vas a parecer un cíborg con ese halo! No te preocupes, yo estaré allí. —Reí, pero la risa era hueca, un eco de la alegría que parecía perderse.

Silvia, más callada, envió un mensaje: «Estamos contigo. Cuenta conmigo para todo lo que haga falta, nos vemos mañana». Sus palabras eran hilos que me ataban a la vida.

Mientras me preparaba para el hospital, la pregunta seguía: ¿Podrían el amor de mi familia, la habilidad del doctor Antonio Pérez Abela y mi propia fuerza, física y mental, ser suficientes?

Recuerdo una noche, antes de todo esto, cuando mi hija mayor tuvo fiebre. A los tres años se acurrucó contra su madre, y tenía una de sus piernas echadas sobre mí, con su pequeño calor. «¿Por qué te tienes que ir? No te vayas, papá», murmuró, y yo me quedé contándole un cuento. Me pegué a ella hasta que se durmió.

Ahora, enfrentando el hospital, quería ser ese padre, pero el dolor y el miedo me tenían atrapado con sus altos y sus bajos.

Imaginé a la mayor, cuidando de su hermana, escondiendo su propio miedo. Imaginé a mi madre, con su rosario, rezando en su sillón; su fe era un faro que no podía ver.

Imaginé a Yolanda, mi amada, sola en nuestra cama, encargándose de las niñas: las duchas, las comidas, llevarlas al colegio, etc. Cargando mi ausencia, que no era poco.

La culpa era un océano, y yo me ahogaba en él.

Esa noche, mientras Yolanda dormía a mi lado, hice una promesa silenciosa: lucharía por mis hijas, por mi madre, por ella y por la familia.

El halo, el hospital y las operaciones eran enemigos desconocidos, pero mi amor por ellos era una fuerza que no podía negar. Cerré los ojos, el dolor aún estaba latiendo en mi espalda, y me aferré a esa promesa, un ancla en la tormenta que comenzaba.

No sabía lo que me depararía el mañana, pero sabía que, con Yolanda, Migue, Silvia y la esperanza de ver a mis hijas y a mi madre, en un futuro, encontraría el camino de regreso.

Ese día, el día que todo cambió, no solo marcó el inicio de mi prisión, marcó el inicio de mi lucha. Esa eterna lucha que llevo tatuada para toda la vida en mi brazo izquierdo, porque esta vida es una lucha constante que llevaría su nombre.

2

El primer día con el halo

El primer día con el halo no empezó con un amanecer, sino con un pinchazo que atravesó mi cráneo. Un recordatorio cruel de que mi cuerpo ya no me pertenecía.

En la habitación 623 de la sexta planta de Traumatología de Granada, el zumbido de las máquinas y el olor a desinfectante llenaban el aire, pero eran los tornillos, cuatro puntos de metal incrustados en mi cabeza, los que dominaban mi mundo.

Apenas había dormido. Cada intento de moverme era castigado por un relámpago de dolor.

Mi mujer, mis hijas, mi madre, mis hermanos... todos estaban fuera de mi alcance, y el peso de su ausencia era más pesado que el propio halo que tenía en mi cabeza. Pero en esa prisión de metal también encontré un destello de lucha, una chispa que llevaba sus nombres.

La colocación del halo el día anterior había sido una pesadilla que aún resonaba.

El doctor Antonio Pérez Abela me había explicado, con su voz firme, pero empática:

—Los tornillos estabilizarán tu cabeza, evitando más daño en la columna. De esta forma será menos agresiva la operación que queremos hacerte.

Cuando el primer tornillo tocó mi piel, el dolor fue un grito que no pude contener, sobre todo cuando me rocé sin darme cuenta.

Yolanda estaba allí. Sus manos apretaban las mías; sus ojos eran un refugio donde intenté esconderme.

—Ya estás aquí, cariño —susurró, pero su voz temblaba, la traicionaba el miedo que ella también sentía al verme con esa aparatosa operación en la cabeza.

Ahora, en la soledad de la habitación 623, el halo era parte de mí, un intruso que me definía como paciente, no como padre, hijo o esposo.

El despertar esa mañana fue como emerger de un sueño roto. La luz pálida del amanecer se filtraba por la ventana, pero no podía girar la cabeza para verla. Cada movimiento, incluso el más pequeño, hacía que los tornillos tiraran, enviando oleadas de dolor que me robaban el aliento.

Una enfermera, con un bordado en su bolsillo en la parte superior izquierda que no llego a recordar, entró para ajustar el peso del halo; sus manos eran cuidadosas, pero frías.

—Intenta relajarte —dijo, pero la palabra sonaba absurda.

¿Cómo relajarme cuando mi cuerpo era una jaula, cuando mis hijas estaban en mi casa preguntando por un padre que no podía abrazarlas? ¿Cuándo mi madre cargaba mi dolor a sus ochenta y tres años?

La culpa era un nudo que apretaba más que los tornillos.

Imaginé a mi hija menor, con sus rizos desordenados, dibujando para que pasara el tiempo, como hacía cuando estaba en la guarde.

Imaginé a la mayor, jugando con su hermana y dándole guerra a su madre, como siempre hacía, incluso veía en mi mente cómo dormían las tres juntas en nuestra cama.

Imaginé a mi madre, como no, cómo olvidarme de mi madre en su sillón. Sus manos temblorosas rezando. Su fe era un faro que no podía llegar a alcanzar. ¿Qué clase de padre y de hijo las dejaba así?

En mi mente no paraban de rondar una serie de preguntas.

Yolanda, mi amor, estaría dividida entre el hospital, el trabajo y nuestra familia. Su fuerza estaba estirada hasta el límite. Ese límite que no todo el mundo puede aguantar, el de sacar fuerzas para la persona a quien amas y por la que lo darías todo.

La culpa no era solo por mi ausencia; era por el peso que ponía sobre ellos, por las promesas que no sabía si podría cumplir.

Yolanda llegó al mediodía. Su presencia era como un amanecer en aquella habitación estéril. Traía una bolsa con ropa y una carta. Su sonrisa era un bálsamo contra el dolor.

—Las niñas están bien —me dijo, sentándose a mi lado; sus manos encontrando las mías. —Te han mandado un audio y las he dejado en la casa de mi hermano Evaristo y mi cuñada Rosa, que te manda recuerdos.

Sus palabras eran un puente hacia casa, pero también una daga. Mis hijas, tan lejos, intentaban salvarme. Con tan solo escuchar su voz, esa voz que transmitía el audio de un simple mensaje, me daba media vida para apretar los dientes y seguir luchando, pensando que ya quedaba un día menos desde que entré. Un día menos para poder verlas y abrazarlas de nuevo.

Quise responder, pero el halo me robó la voz, el dolor, la fuerza y la tristeza, todo. Miré a mi mujer, que estaba sentada a mi derecha en un sofá incómodo. La miré y lo entendió todo, como siempre, esa mirada que todo el mundo tiene con su ser querido, con su media naranja.

—No tienes que hablar, cariño. Solo escucha —me dijo, y puso un audio que decía: «Papi, te quiero mucho mucho, pero que mucho. ¿Cuándo vienes?».

Y, por un momento, el halo y el peso que tenía pesaban menos. Su amor era un contrapeso al metal.

Recuerdo una tarde, antes del hospital, cuando mis hijas me arrastraron al parque. La menor, con un añito, corría detrás de su hermana, riendo mientras tropezaba. La mayor no paraba de jugar con su hermana. «Te quiero, papá», dijo. Su abrazo fue un tesoro que guardé.

Ahora, atrapado por el halo, ese recuerdo era una cuerda que me ataba a la vida, pero también un recordatorio de lo que había perdido. ¿Volvería a ser ese padre? ¿Podría correr con ellas o abrazarlas sin este metal que me definía?

Mi hermano me llamó esa tarde. Su voz era un rayo de luz en la penumbra.

—¡Hermano, ese halo es puro estilo de ciencia ficción! —bromeó, y aunque el dolor me impidió reír, su humor era un eco de la vida que aún existía. —Cuando salgas, te haremos una estatua de cíborg —dijo, y, por un instante, la habitación 623 fue menos fría.

En cambio, Silvia, más reservada, me envió un mensaje:

—Fuerza. Intenta pasar una buena noche. —Sus palabras, simples, pero profundas, eran hilos que me conectaban a ellos, a la familia que no podía ver.

El doctor Pérez Abela pasó más tarde. Revisó mi expediente con una calma que me anclaba, y me dijo:

—El halo está haciendo su trabajo. La operación será pronto, pero, por ahora, paciencia, paciencia.

La palabra sonaba imposible cuando cada segundo era una batalla contra el dolor, contra la culpa, contra el miedo de no despertar. Aunque su confianza y su experiencia como jefe de traumatología de columna era un faro en plena tormenta. Si él creía que podía salir, tal vez yo también podía creerlo.

Esa noche, solo con el zumbido de las máquinas, cerré los ojos y hablé con mi familia desde mi corazón. «Pequeñas, papá volverá. Mamá, tu fe me sostiene. Cariño, nuestro amor es suficiente. Hermanos, pronto comeremos todos juntos de nuevo».

Era una oración, una promesa, un paso hacia la libertad que aún no podía ver.

El halo era mi carcelero, pero también mi maestro. Me enseñaba que la fuerza no es la ausencia de dolor, sino la voluntad de soportarlo por aquellos que amas, que todo está en la cabeza, y que, si eres fuerte de mente, el cuerpo responde con fuerza. Ese era el objetivo que me marqué: ser fuerte, tanto mental como de cuerpo, pero sobre todo mental, ya que era lo más importante.

Así pasaría el tiempo más rápido. Ese era el primer día con el metal en mi cráneo y la culpa en mi alma.

No fue solo el inicio de mi prisión, fue el inicio de mi resistencia, una resistencia que llevaba el nombre de mi familia, a la cual se lo debo todo.

3

El peso del metal

El halo ya no era solo un dispositivo; era mi mundo, un amo cruel que dictaba cada respiración y cada pensamiento. En lo que creo que fue el segundo día en la habitación 623 de la sexta planta de Traumatología, desperté con el mismo pinchazo implacable de tornillos metálicos clavándose en mi cráneo. Un dolor que pulsaba con los latidos de mi corazón. El zumbido estéril de las máquinas, el leve pitido de un monitor y el lejano traqueteo de un carrito de enfermeras eran mis únicos compañeros, junto a mi mujer, en la tenue luz de la mañana.

Mis hijas estaban a kilómetros de distancia. Sus risas eran un recuerdo al que me aferraba como a un salvavidas. Mi madre estaría rezando en algún lugar de su casa; su rosario era una súplica silenciosa que no podía oír. Mis hermanos eran mis anclas, pero el peso del halo y la culpa que cargaba, amenazaban con hundirme. Sin embargo, en esa prisión de metal, comencé a aprender que el amor podía ser más pesado y fuerte que cualquier cadena. El dolor era un lenguaje propio. Cada tornillo anclado en mi cabeza se sentía como una aguja caliente que irradiaba fuego con el más mínimo movimiento.

No podía girarme para ver la ventana y no podía levantar la cabeza para beber sin ayuda. Yacía rígido; mi cuerpo era un extraño y mi mente un campo de batalla. El halo no solo sostenía mi columna; estaba tomando mi vida como rehén, recordándome en cada momento que no estaba con mi familia.

Mis hijas merecían un padre que pudiera perseguirlas por el parque, no uno atrapado en una cama. Mi madre, con sus manos temblorosas y su fe inquebrantable, merecía un hijo que pudiera aliviar sus preocupaciones, no aumentarlas.

La culpa era una sombra que crecía con cada hora. Imaginé a mi hija menor con sus rizos ondeando mientras dibujaba, tal vez una hoja en blanco llena de líneas sin sentido y llena de colores. Imaginé a mi hija mayor con sus ojos serios, ocultando el miedo, porque era demasiado pequeña para cargar con él, y preguntándole a su madre: «¿Cuándo volverá papá a casa?». Y a mi madre. ¡Ay, mi madre! Me la imaginé en su sillón con las cuentas del rosario resonando suavemente, rezando por un milagro que estaba segura de merecer, mientras escuchaba la televisión de fondo.

El hecho de pensar que mi mujer soportaba el peso de todos nosotros: nuestro hogar, nuestras hijas, mi dolor, y pensar en su fuerza, debilitada por mi ausencia, era una herida más profunda que cualquier tornillo.

Quería gritar, arrancarme el halo y correr hacia ellas, pero el metal me sujetaba con fuerza, prisionero de mi propio cuerpo.

La visita de Yolanda esa tarde fue un destello de luz en la penumbra estéril. Entró, con pasos firmes, pero la mirada cansada, cargando una pequeña bolsa y una calidez que llenó la habitación.

—Las chicas te envían esto —dijo, sacando un trozo de papel doblado. Era un dibujo donde decía «te queremos, papá» garabateado en letras desiguales.

Se me hizo un nudo en la garganta.

El dolor se desvaneció por un momento, mientras trazaba las líneas de crayón con el pincel.

—Están bien —dijo Yolanda, sentándose a mi lado. Su mano encontró la mía. —La pequeña sigue pidiendo traerte galletas. La grande... está tratando de ser fuerte, como tú —me dijo.

«Como yo». Las palabras dolieron, porque me sentía de todo menos fuerte, pero la mirada de ella contenía una creencia que no podía negar.

—Estamos luchando juntos contra esto —dijo, con la voz como una promesa. Ese día, por primera vez, creí que podía soportarlo.

Me asaltó, nítido y vívido, el recuerdo de una mañana de domingo, meses antes del hospital. Mis hijas me habían emboscado en la cama: la menor, riendo entre dientes, mientras le tiraba un montón de peluches en el pecho; la mayor, saliendo a su paso, defendiendo a su hermana. «¡Tú eres el monstruo!», declaró con una sonrisa angelical. Yolanda, su madre, mientras hacía el desayuno, lo dejó todo para subir a su auxilio. Abrió la puerta, se rio mientras yo seguía el juego, diciendo: «¡Que viene el monstruo!». Ese momento, tan común entonces, era ahora un tesoro, un recordatorio. Un faro que brillaba en la oscuridad de mi habitación. Me aferré a ese recuerdo, a la calidez de su risa, a la dulzura de la sonrisa de mi mujer, como si pudiera traerme de vuelta a ellos, pero el halo me atrajo al presente, apretándose con cada latido. Era un cruel recordatorio de que estaba aquí, no allí. Era un padre reducido a paciente, un hombre reducido a metal, una persona reducida a nada.

El día en el hospital se alargó, cada hora medía el goteo de la vía intravenosa y el dolor en la cabeza. Una enfermera, de nuevo, vino a revisarme para ver si todo estaba bien.

—¿Cómo estás de dolores? —me preguntó.

Y yo le decía:

—Con dolores no estoy, estoy con Yolanda. —Era un momento de echarnos unas risas, no tenía otro remedio.

Ya en serio, me decía, con voz amable y cercana, como si hubiera visto a demasiados como yo:

—Es normal sentir presión.

«Normal». Nada en esto era normal: ni el dolor que se intensificaba con cada ajuste, ni la inmovilidad que me hacía sentir como una estatua, ni la culpa que me carcomía por fallarle a mi familia. Quería preguntarle cómo llevar esto, cómo ser padre, hijo y esposo desde una cama, pero las palabras se quedaron encerradas en mi interior, atrapadas, como yo.

La llamada de mi hermano llegó a media mañana, a la hora de su bocadillo. Su voz irrumpió a través del teléfono como una tormenta de verano:

—¡Hermano, sigues siendo el rey! —bromeó. Su risa era un desafío al silencio estéril del hospital. —Cuando salgas, daremos una fiesta, invita mamá, ya lo verás —me dijo.

Conseguí soltar una risita débil, el esfuerzo de tirar de los tornillos era arduo, pero su humor fue un salvavidas, un recordatorio del mundo más allá de estas paredes.

—Y no te preocupes, te llevaré para ver el fútbol. Algo montaremos para poder verlo y que no te pierdas ningún partido de tu Granada. Tú no te preocupes —me siguió diciendo.

—A ver si te acuerdas y es verdad —le dije, con la voz ronca y con una pequeña sonrisa cómplice, que resonó junto con la risa de mi hermano, que era fuerte y libre.

—Ya estamos, hombre. Ya está todo preparado —me respondió.

La imagen de mi hermano, entrando por la puerta, riéndose y, sobre todo, preparando todo, fue una chispa de alegría. «No deberían pensar en las comidas, lo que deberían es tener a su padre», pensaba hacía mí en silencio.

El mensaje de Silvia llegó después, sencillo y tranquilo, como ella: «Pensando en ti. Mantente fuerte». Sus palabras, escasas, pero cargadas de amor, contrastaba con la bravuconería de mi hermano Migue, pero tenían el mismo peso. Silvia siempre había hablado más con acciones que con palabras —un abrazo, un guiño, una presencia— y ahora, incluso desde la distancia, su mensaje era una mano tendida a través de la niebla.

Me quedé mirando la pantalla, deseando poder responder con algo más que un «Gracias», deseando ser el hermano que se merecía, no esta figura rota y atada a una cama.

Yolanda se quedó hasta que las enfermeras la instaron amablemente a irse, ya que tenían que entrar para curarme. Antes de irse, se inclinó hacia mí, rozando mi frente con cuidado de no tocar el halo.

—Sigues siendo tú —susurró, como si oyera las dudas que me gritaban.—El papá de las niñas, mi amor, el hijo de mamá. Esto…—Señaló el halo, la cama, la habitación—. Esto no cambia eso.

Sus palabras fueron un salvavidas. Me sacaron del borde de la desesperación. Quería abrazarla, prometerle que volvería a ser ese hombre, pero el halo me lo impedía, así que apreté su mano, volcando cada gramo de amor en esa caricia.

—Te amo —logré decir, y su sonrisa, suave, pero intensa, fue mi respuesta.

Al caer la noche, el hospital se volvió más silencioso; el zumbido de las máquinas era una canción de cuna que no me permitía dormir. El dolor no había disminuido, pero se había convertido en un compañero, una constante que estaba aprendiendo a manejar. Pensé en mi madre, sus cuentas del rosario tintineando en la oscuridad, sus oraciones elevándose como el incienso. En sus ochenta y tres años había visto guerras, pérdidas, alegrías, y ahora esto: su hijo, su niño, luchando una batalla más en la que ella no podía unirse. Imaginé su voz, firme a pesar de sus años:

—Papá te cuida, hijo. Papá estará mirando —decía, pero era su fe, su amor, lo que se sentía como una protección divina. Le debía más que este dolor, más que estas lágrimas que no podía ver.

El miedo llegaba en oleadas, sobre todo durante el silencio de la noche. ¿Y si la cirugía salía mal? ¿Y si no me levantaba de esta cama? El halo parecía apretarse con cada pregunta; sus tornillos me susurraban dudas. Pero entonces vi el dibujo de mis hijas, que estaba pegado en la pared, junto a mi camiseta del Granada C. F., que me faltó tiempo para ponerla allí, y ese «Te quiero, papá», que brillaba con su amor. Escuché la voz de Yolanda:

—Estamos luchando juntos contra esto.

Sentí la risa de Migue, la fuerza silenciosa de Silvia, las oraciones de mi madre. Eran mi armadura, más fuertes que el metal que me ataba. Él podía sujetar mi cabeza, pero no mi corazón y mi mente.

Cerré los ojos; el dolor era un rugido sordo, e hice una promesa silenciosa. Por mis hijas soportaría los tornillos, la inmovilidad y el miedo. Por mi madre lucharía por volver a ser su hijo, por sentarme a su lado y escuchar sus historias. Por Yolanda sería el hombre que bailó con ella, que la amó en cada tormenta que hemos pasado, que han sido muchas. Y para Migue y Silvia sería el hermano que se mantuvo firme, no el que yacía destrozado.

El halo era mi prisión, pero también mi maestro, mostrándome que la fuerza no estaba en el cuerpo, sino en el amor que se negaba a soltar y, sobre todo, en mi mente.

Esa noche, mientras el hospital dormía, me aferré a esa lección. El peso del metal era pesado, pero el peso del amor de mi familia era aún más pesado, una fuerza que ningún tornillo, pesa o diagnóstico podía romper. Aún no era libre, pero luchaba, y esa lucha comenzaba con ellos: con la mano de Yolanda en la mía, con el sol de mis hijas, con el rosario de mi madre, con las bromas de Migue y con la sonrisa de Silvia.

Este era mi tercer día, mi tercer paso en un viaje que no había elegido, pero que recorrería, por ellos, hasta llegar a casa.

4

El humor de Migue

En el cuarto día, el halo se había convertido en algo más que un dispositivo médico. Era un tirano que gobernaba cada rincón de la habitación 623 de Traumatología que me había tocado. Sus tornillos, incrustados en mi cráneo, palpitaban con un dolor sordo y constante, un recordatorio de que mi cuerpo ya no era mío. Estaba en paz, en calma, pero mi sosiego se vio turbado por un zumbido estéril. Monitores que pitaban, el tintineo ocasional de bandejas metálicas, pitidos de llamadas de timbres que tenía cada habitación se fundían en una sinfonía de pasos apagados.

Mi hija la mayor estaría entrando o ya estaría dentro del colegio, pero su voz era un eco lejano en mi corazón. Mi madre se aferraba a su rosario; sus oraciones eran un salvavidas que no podía tocar, ya que ella rezaba todos los días pidiendo por cada uno de nosotros, y ahora más que nunca por un hijo al que en esos momentos no podía ver, pero sí sentir. Yolanda, Migue y Silvia eran mis razones para soportar y sacar fuerza, pero el peso de la culpa y el miedo presionaba más que el halo mismo. Sin embargo, ese día, la risa de Migue me irrumpió como una chispa desafiante que me recordó que la alegría aún podía existir, incluso en esta prisión de metal, acompañada de cuatro paredes blancas, que solo cambiaban de color con la tenue luz del atardecer y el anochecer.

El despertar siempre era una batalla. El dolor me recibió antes de abrir los ojos mediante un tirón brusco de las pesas que colgaban de mi cabeza. No podía girarme para ver el rayo del sol que se filtraba por la ventana, no podía moverme sin una sacudida que me cortaba el aliento.

Las enfermeras llegaron temprano, con las manos firmes mientras revisaban las pesas que colgaban de mi cabeza.

—Estás bien —sus palabras, sonando con alegría, reconfortaron mi alma—. Aquí nos tienes para lo que te haga falta. Solo tienes que llamarnos al timbre y nos tendrás aquí, ¿bien? —me siguieron diciendo.

Era un hombre que no podía abrazar a sus hijas, que no podía aliviar las preocupaciones de su madre, que dependía de su mujer, la cual llevaba una carga que nunca quise darle.

El halo no solo estabilizaba mi columna; me estaba desnudando, dejando solo dolor y culpa a su paso. La culpa era una marea que subía con cada día que pasaba. Imaginé a mi hija menor con sus colores esparcidos por el suelo de la cocina, dibujando otra imagen para enviarme; quizá un garabato. Era su forma de ahuyentar mi oscuridad.

—Te quiero mucho mucho, papá. —Mi hija mayor mandando un mensaje, ocultando sus propios miedos tras esos ojos que no podían ver a su padre después de tanto tiempo.

Y mi madre, con sus frágiles manos, pero a la vez tan fuertes que podía escuchar cómo me susurraba sus oraciones desde su casa de Granada; su fe estaba combatiendo el dolor que sentía por mí. Yolanda, mi amor, era el pegamento que mantenía unida a nuestra familia; su fuerza, un milagro que no merecía.

Cada momento que yacía aquí les fallaba, les añadía peso en el corazón, y ese pensamiento era una herida que ningún médico podría curar. El miedo era igual de implacable. La primera cirugía, que se avecinaba en pocos días, era una sombra de la que no podía escapar.

El doctor Antonio Pérez Abela había sido claro: «La operación reparará la fractura, pero los riesgos están ahí. Puede haber complicaciones, pero un tío fuerte como tú saldrá de esta, ya lo verás». Mi cabeza flotaba en sus palabras como el sol que iluminaba cada mañana mi habitación. ¿Y si no salía bien? ¿Y si dejaba a mis hijas sin padre, a mi madre sin su hijo, a Yolanda sin su marido?

El halo parecía apretarse con cada uno de estos malditos pensamientos, sus tornillos presionando no solo mi cráneo, sino mi alma, susurrando dudas que no podía silenciar.

La visita de mi hermano, llegada la tarde, fue un bálsamo.

—Aquí está nuestro ritual, directo de casa.

Su presencia suavizaba los bordes de la habitación. Trajo una pequeña *tablet* de su casa y un nuevo regalo de las niñas, una tortuga bordada a mano de una de sus hijas, de la menor, Trini, que aún la conservo como oro en paño.

—Gracias —pronuncié con una voz temblorosa, apenas imperceptible. Una emoción me invadió, brotaron unas lágrimas que recorrían mi rostro.

—Las tienes ocupadas —dijo con la voz firme pero rota al ver mis lágrimas y mis ojos cansados, que cargaban con el peso de los días pasados, en los que hacía malabarismos entre las visitas al hospital, el hogar y su trabajo—. La grande, horneándote unas galletas; la pequeña, cosiéndote esto. ¡No dirás!

—¿La grande cómo está? —le pregunté.

—Bien, con sus estudios —me respondió.

Sus palabras pintaron una imagen que me trasladó a nuestro hogar. Recordé con nostalgia momentos vividos que agudizaron mi culpa. Planeaban una sorpresa para mí, pero yo no podía prometer que estaría allí, ya que no dependía de mí.

—El día llegará, ya lo verás —dijo Migue asintiendo y apretando mi mano. Su fortaleza, como una ola, rompió con fuerza en pleno temporal contra las rocas.

Asentí —el halo protestando— y sostuve su mirada, sacando coraje de su fuego.

De repente irrumpió en la habitación una ráfaga de viento. Su sonrisa era lo suficientemente amplia como para desafiar la penumbra del hospital.

—¡Hombre, pareces un superhéroe con ese halo! ¿Qué haces con este andador? —declaró, dejándose caer en la silla junto a mi cama. Su risa, pícara y a la vez contagiosa, era un sonido tan fuera de lugar en la habitación que casi se sentía sagrado—. Ven, que vamos a hacer la jura de bandera. Ah, no, que tú no la has hecho. ¡Cabrón! —Sus ojos eran traviesos. Y ahí estaba él, subiendo y bajando la cuerda que colgaba de un andador—. Ya están diseñando para subir y bajar —comentó.

A pesar del dolor, me reí entre dientes. El movimiento me dio una puñalada en el cráneo, pero el humor de Migue era un regalo, un recordatorio de que la vida, la vida desordenada, la vida alegre, todavía me esperaba.

—Te pagaré en carne lo que me has traído —logré decir. Mi voz estaba débil, pero era cálida, y él aplaudió, encantado.

—¡Ese es mi hermano! Te sacaremos de aquí más alto; mira el lado bueno de las cosas —me respondió.

Su visita duró toda la tarde-noche. Las normas del hospital eran estrictas, solo una persona por habitación, hasta que llegara el otro acompañante. Su energía persistió. Era una chispa que se negaba a apagarse. Migue siempre había sido así, transformaba las sombras en luz con un chiste o una historia.

Recordé un invierno de hace años, cuando yo era casi un niño. Estábamos acampados a las espaldas del Veleta, cuando fuimos a por agua a un manantial que estaba a escasos diez minutos del campamento base. Migue tenía apenas veinticinco años, más o menos. No tuvimos otra brillante idea que tirar unas piedras a un rebaño de vacas (aconsejo no hacerlo bajo ningún concepto, sobre todo cuando un rebaño corre hacia ti). Suerte la nuestra, nos subimos a un tejado de una casa que era un refugio abandonado. Antiguamente era un lugar de pasto. Andábamos a gatas para pasar desapercibidos; mientras tanto, compartíamos risas y carcajadas.

—Eso nos pasa por listos —dijo mi hermano. Yo no podía reírme más ese día; él tenía una sonrisa imparable.

Ahora, en esta habitación estéril, su risa era la misma de ese día, un estallido de brillo que no me había dado cuenta de que necesitaba. La puerta se cerró y tras su marcha regresó el silencio, el peso de la ausencia de mis hijas, las oraciones de mi madre, el sacrificio de Yolanda… Todo era un cúmulo de cosas que no paraba de pasar por mi mente.

Un recuerdo de mi madre afloró, inesperado pero vívido. Una tarde, antes de todo esto, la encontré en su salón viendo a Enriquito, su cocinero favorito, mientras removía una olla de caldo.

—Mamá, tenemos que hablar —le dije.

Allí estábamos los tres hermanos, pero su voz cambió, junto con sus ojos, semejantes a la estrella más brillante en el cielo al verme.

—Jesús, siéntate. ¿Qué pasa? —dijo con una voz sin fuerza.

Hablamos de nada y de todo. De lo que me tenían que hacer, del halo, de las operaciones, de mis hijas, de mi mujer, de cómo teníamos que hacer las cosas.

¿Cómo le explicas a una madre mayor que durante mínimo un mes no puede subir a la habitación del hospital para ver a su hijo chico, que no se preocupara, que estaba todo repartido, que nos llamaríamos todos los días y que estaría al tanto de todo lo que pasara?

—La familia lo es todo —había dicho con su rosario sobre la mesa.

Ahora, atrapado por el halo, me aferraba a esa verdad. Mi familia lo era todo, y lucharía por volver con ellos, por sentarme de nuevo a su mesa, por ser su hijo.

El día terminó con la visita del doctor Pérez Abela; su serena presencia fue una fuerza tranquilizadora.

—Ya veo que eres seguidor del Granada —dijo cuando se le escapó una sonrisa al ver la camiseta de mi Granada clavada en la pared de la fría habitación.

Revisó mi historial, frunciendo el ceño, con voz serena y a la vez cercana, como si yo fuera uno más de su familia y él de la mía, una persona sencilla y cercana.

—El halo se mantiene bien. Vamos por buen camino. Eres un tío fuerte, aguantas todo lo que te echen. Nadie aguanta lo que tú estás aguantando. El peso que soportas se lo ponemos a personas que se tiran un mes para después hacerles una cirugía que no sea tan agresiva y la recuperación es más breve. Así que prepárate para la cirugía en unos días.

«Unos días». Sus palabras eran a la vez una promesa y una amenaza, un paso hacia la libertad ensombrecido por el riesgo.

Intenté asentir como pude, pero el halo anulaba mi movimiento. Le di las gracias, confiando en su habilidad, pero temiendo lo desconocido.

Al irse, sentí de nuevo el peso del metal, no solo en mi cráneo, sino en mi corazón, donde la culpa y el miedo luchaban contra la esperanza. Era como una guerra interna que tenía que ganar como sea. Más tarde vino mi luz, mi faro, con esa fuerza que tiene ella, para quedarse a dormir otra noche más.

Esa noche, mientras mi mujer dormía con el bullicio del hospital, tracé las estrellas en un dibujo imaginario de mis hijas. Su amor era tangible. La risa de Migue resonaba en mi mente, un desafío a la oscuridad. Las palabras de Yolanda, «un día menos», eran mi mantra; su fuerza, mi guía. Las oraciones de mi madre y el apoyo de mi hermana Silvia eran hilos de un tapiz de amor que me mantenía unido.

El halo era pesado, junto con unas pesas que no paraban de sumar cada día. Sus tornillos eran un recordatorio constante de mi fragilidad, pero no podían contrapesar el amor que me anclaba.

Cerré los ojos. El dolor era un pulso constante, y juré seguir adelante por las estrellas de mis hijas, por los chistes de Migue, por la mano de Yolanda cuando se juntaba con la mía para poder descansar algo, por la fe de mi madre. Este cuarto día fue otra batalla, pero también fue otro paso, un testimonio del humor y el corazón que me traerían a casa.

5

La alegría de Silvia

El quinto día en la habitación del Hospital Virgen de las Nieves fue una batalla contra la férrea presión del halo, cuyos tornillos eran un pulso constante de dolor que me ataba a este mundo estéril.

El zumbido de las máquinas, el leve susurro de los pasos de las enfermeras y el aire antiséptico eran mi realidad. Estaba muy lejos de la risa de mis hijas o de las silenciosas oraciones de mi madre, que, seguramente, estaba haciendo en la soledad de su casa.

Yolanda, Migue y Silvia eran mis salvavidas, pero la culpa de mi ausencia y el miedo a la inminente cirugía pesaban más que el metal en mi cabeza. Sin embargo, en esa neblina gris, la alegría de Silvia irrumpió como un estallido de luz que me recordó que, incluso en los momentos más oscuros, el amor podía despertar la esperanza.

Este despertar fue un descenso a lo familiar. Los tornillos del halo, cuatro puntos implacables en mi cráneo palpitaban con un fuego que el sueño no podía apagar. No podía girarme para ver la pálida luz de la mañana filtrándose por la ventana. No podía moverme sin una sacudida que me cortaba el aliento. La enfermera vino a revisar como estaba. Sus manos eran firmes, pero impersonales.

—Está aguantando bien —me dijo, como si eso fuera suficiente, como si el dolor y la inmovilidad de unas pesas tirando de mí y de mi cabeza fueran solo detalles. No lo eran, eran mi vida ahora. Una vida en la que no podía perseguir a mis hijas por el parque, tampoco podía sentarme con mi madre mientras compartía sus historias, ni aliviar la carga que le había impuesto a Yolanda.

El halo no solo estaba estabilizando mi columna vertebral, sino que estaba remodelando quién era yo, y lo odiaba por eso.

La culpa era una tormenta que se intensificaba cada día. Imaginé a mi hija menor, con sus rizos ondeando mientras garabateaba otro dibujo; quizá una estrella, su forma de alcanzarme a través de los kilómetros. Mi hija mayor estaría protegiendo a su hermana, cargando con un miedo que era demasiado joven para nombrar. Mi madre, en su casa en un barrio de Granada, estaría con el carro de la compra bajando por el ascensor para ir a por la compra en el supermercado más cercano, una barra de pan, la carne para hacerse pollo en salsa, todo eso para que la mañana le sea más llevadera, supongo que lo haría para liberar parte de su mente, que estaría preocupada en saber cómo estaba yo. Luego, comenzarían sus tardes de novela, pero eso sí, conociéndola, estaría aferrada a su rosario, volcada en oraciones por un hijo que no podía sostener.

Yolanda, mi corazón, cargaba sola con nuestra familia, con sus fuerzas agotadas por mi ausencia. Cada momento que yacía aquí era un robo. Un robo de sus sonrisas, de su paz, de su derecho a un padre, a un hijo, a un esposo, y el pensamiento era una herida que ninguna medicina podía sanar. El miedo era igual de cruel, y estaba agudizado por la inminente cirugía.

El Dr. Antonio Pérez Abela me había explicado el plan: reparar la fractura y asegurar la columna. Sus advertencias sobre los riesgos persistían como una niebla. ¿Y si algo salía mal? ¿Y si nunca volvía a ver los dibujos de mis hijas, a sentir la mano de Yolanda, a escuchar la voz de mi madre? Era una pregunta que me hacía una y otra vez…

El halo parecía alimentarse de estos miedos, apretándose con cada duda, presionando no solo mi carne, sino mi espíritu, amenazando con romperlo.

La visita de Yolanda al mediodía fue un salvavidas; su presencia era una calidez que suavizaba los bordes fríos de la habitación. Trajo una pequeña bolsa de tela llena de notas y un nuevo dibujo de las niñas, muy brillante con un «Te quiero mucho, papá» en letras grandes.

—Están manteniendo la casa animada —me dijo. Su sonrisa era cansada, pero feroz. —La pequeña pregunta mucho por ti. Me pregunta que cuándo vuelve papá. La grande igual, con ganas de verte —me siguió contando. Se me hizo un nudo en la garganta. La imagen de mis hijas preguntando por mi regreso fue a la vez un regalo y una punzada. Creían en mí, pero no estaba seguro de creer en mí mismo.

Yolanda se sentó a mi lado; dejo caer su mano con sutileza, y cuando la tenía cogida, apretó su mano firme sobre la mía.

—Eres su héroe, cariño. Y el mío. —Su voz era un faro. Apreté su mano, el halo protestando, y saqué fuerza de su fuego, jurando ser el hombre que ella veía.

Entonces llegó Silvia, no con la bravuconería de Migue, sino con una alegría que llenó la habitación como la luz del sol. Llegó por la tarde, con pasos ligeros. Sus ojos brillaban con una calidez que desafiaba la penumbra del hospital. En sus manos había una pequeña bolsa donde traía unos botes de uso personal.

—Aquí dejo esto —dijo, colocándola en la mesita de noche, con voz suave, pero viva. Se río, un sonido tan brillante que pareció ahuyentar el dolor y, por un momento, la habitación no fue una prisión, fue un lugar donde la alegría podía vivir.

—Deberías verlas —dije yo, con una amplia sonrisa. —Están convirtiendo la casa en una galería de arte para mí.

Mis palabras pintaron una imagen de mis hijas riéndose entre papel y pegamento, y me aferré a ella, con el corazón más ligero que en días. La alegría de Silvia era un don, uno que siempre había llevado consigo.

Recordé un día de verano de hacía años, cuando éramos más jóvenes, en un *camping* familiar junto al río del parque natural de Doñana. Silvia, apenas con cuarenta y cinco años, había organizado junto a la familia una acampada, y armaba la tienda de campaña de uno de mis hermanos. Otros descargaban el coche, otros limpiaban la zona y traían ramas para encender la barbacoa, mientras mis sobrinos jugaban junto al río. No se me ocurrió otra cosa que la brillante idea de meterme con ella, mientras corría entre los pinos, su energía iba diciendo «ya te pillaré, si tienes que venir a comer y a dormir» su sonrisa resonaba por todo aquel pequeño valle.

Incluso entonces, tenía una forma de alegrar el mundo, de convertir una simple tarde en un recuerdo radiante.

—¡Vamos, eres demasiado lento! —me decía bromeando, con su sonrisa contagiosa, y la perseguí, riéndonos hasta que nos desplomamos en el suelo.

Ahora, en esta habitación estéril, esa risa era un recordatorio de que la alegría puede encontrarte, incluso en los lugares más oscuros.

El día en el hospital transcurrió con dificultad. El dolor estaba conmigo como un compañero tenaz. El miedo a la cirugía se cernía sobre mí, una tormenta de la que no podía escapar, pero la alegría de Silvia, las palabras de Yolanda, el corazón de mis hijas... eran anclas.

Pensé en mi madre, en el tintineo de sus cuentas del rosario, en la tranquilidad de su hogar y en su fe como una fuerza que cruzaba la distancia. A su edad ya se había enfrentado más de lo que podía imaginar, pero rezó por mí con una fuerza que me tranquilizó. Le debía un regreso, una oportunidad de sentarme a su lado, de volver a ser su hijo.

Esa noche, mientras el bullicio del hospital se desvanecía en el silencio. Su risa y su luz contrastaban con el peso del halo, eran un recordatorio de que el amor podía ser feroz en su suavidad. La promesa de Yolanda, —eres su héroe— resonó en mi corazón, junto con el corazón de mis hijas, el humor de Migue y las oraciones de mi madre. El halo era mi captor; sus tornillos una prueba de resistencia, pero no podía opacar la alegría que traía Silvia, el amor que me rodeaba.

Cerré los ojos e hice una promesa: por mis hermanos, por los corazones de mis hijas, por la fuerza de Yolanda, por la fe de mi madre, seguiría luchando.

Este quinto día fue una batalla, pero también un regalo, una lección de que la alegría, como el amor, puede ser la luz que te lleva a través de las noches más oscuras.

6

La fe de mi madre

El sexto día fue una guerra silenciosa librada en el espacio entre los tornillos del halo y el dolor en mi corazón. El marco de metal, con sus cuatro tornillos enterrados en mi cráneo, palpitaba con un dolor que se había convertido en mi sombra constante, un recordatorio de la fractura que me tenía prisionera. El zumbido estéril del hospital —monitores que pitaban, voces lejanas, el leve sonido de las bandejas al chocar unas con otras con el movimiento del carro— me envolvió. Era un mundo aparte de las risas de mis hijas o la suave voz de mi madre.

Yolanda, Migue y Silvia, ellos eran mis anclas, pero la culpa de mi ausencia y el miedo a la cirugía inminente presionaban más que el metal en mi cabeza. Sin embargo, en ese silencio estéril, la fe de mi madre me alcanzó. Era un faro que me enseñó que la fuerza se podía encontrar en los lugares más tranquilos.

Despertar fue un descenso al tormento familiar. Los tornillos del halo latían con fuego, cada uno era un recordatorio de mi cautiverio. No podía girarme para ver la suave luz de la mañana que se filtraba por la ventana de cada mañana. No podía moverme sin una sacudida que me cortaba el aliento.

La enfermera vino para dejar mi medicación, me curó las heridas y miró el gotero.

—Todo está en su lugar —me dijo, dejando unas pesas más al lado del marco de la puerta, pero sus palabras no ofrecieron ningún consuelo.

¿En su lugar? Mi vida estaba fuera de lugar. Mis hijas estaban sin su padre; mi madre cargaba con mi dolor a su avanzada edad, y Yolanda soportaba una carga que nunca quise darle. Él no solo me sujetaba la columna vertebral; tenía mi mundo como rehén, y yo era impotente contra él.

La culpa era una marea que subía con cada día que pasaba. Me imaginaba a mi hija mayor, con sus colores esparcidos, dibujando otro regalo para mí —quizás, ahora, un sol—, sus pequeñas manos combatiendo mi ausencia con luz. Mi hija menor, con su mirada angelical, estaría protegida por su hermana, ocultando miedos que ninguna niña de cuatro años debería cargar. Mi madre, en su casa de Granada, estaría en sus quehaceres de casa y entre la soledad de su habitación, como si me estuviera mirando por el marco de la puerta del balcón de la terraza, rezando por un hijo que no podía ver en ese momento. Así, pues no le quedaba otra cosa, como si la vida le fuera en ello con todo el poder que da una madre con sus oraciones, como si ella fuera un salvavidas en la distancia hacía mí.

Yolanda, mi corazón, mantenía a nuestra familia unida, con sus fuerzas agotadas por mi confinamiento. Si no estaba conmigo, estaba con las niñas, la casa, sus padres… Cada hora en esta cama les robaba algo: su alegría, su paz, su derecho a una familia intacta, y pensarlo era una herida más profunda que cualquier tornillo y cualquier otra cicatriz. El miedo era una tormenta que se intensificó a medida que se acercaba la primera cirugía.

El doctor Antonio Pérez Abela había sido claro: la operación repararía el instrumental estropeado por el paso del tiempo, pero los riesgos estarían ahí, complicaciones, infección. Es una operación muy grande. Me acechaban como sombras.

¿Y si no despertaba? ¿Y si no pudiera volver a caminar? ¿Y si dejaba a mis hijas sin su padre, a mi madre sin su hijo, a Yolanda sin su marido? El halo parecía apretarse con estas preguntas; sus tornillos me estrujaban el alma, susurrando al oído las dudas que empezaban ahogarme.

Por la noche, la visita de Yolanda fue una explosión de calidez; su presencia un escudo contra la fría esterilidad de la habitación.

Recordé una foto que tenía de mis padres —ay, mi padre...—, una que no había visto en años. Ellos, sentados en un pequeño jardín de un parque de atracciones. Su sonrisa radiante, como siempre, a pesar de su edad. Poco tiempo después nos dejó, pero es como si él hubiera querido dejar esa foto como un recuerdo imborrable. Yo sabía que, aunque mi padre no estaba entre nosotros, estaba ahí.

«El amor de una madre es incondicional, estará rezando mí», pensé. Poco tiempo después me di cuenta de que tenía razón. Efectivamente, todos los días su rosario estaba en sus manos en la soledad de las noches. Se me hizo un nudo en la garganta, la imagen de mi madre, sus manos frágiles, arrugadas, pero fuertes, su fe inquebrantable. Fue a la vez un consuelo y una punzada directa al corazón.

—Las niñas están bien —añadió mi mujer, con su mano sobre la mía. —La pequeña está bien, con una nueva canción que le están enseñando en el cole. La mayor está con sus dibujos —me siguió contando.

Sus palabras pintaron una imagen de hogar, llena de amor, pero profundizaron mi culpa. Luchaban por mí, y yo estaba atrapado aquí. La mirada de Yolanda sostuvo la mía, firme y feroz

—Volverás con ellos —dijo con voz de promesa. Asentí, con el halo penetrante, y me aferré a su fuerza.

El recuerdo de las oraciones de mi madre persistía, una fuerza silenciosa que llenaba el silencio de la habitación. A sus ochenta y tres años había visto más de lo que yo podía comprender, guerras, pérdidas de familiares, alegría, supervivencia. Sin embargo, su fe nunca flaqueó.

Recuerdo una noche de mi infancia, cuando una fiebre me agarró y mi pequeño cuerpo estaba temblando. Mi madre estaba sentada junto a mi cama; las cuentas de su rosario tintineaban suavemente. Su voz era un murmullo de oraciones mezcladas con canciones de cuna.

—Dios te cuida, hijo —me susurró mientras posaba su mano fresca en mi frente. Por la mañana, la fiebre había desaparecido.

El recuerdo de su fe como escudo era ahora un salvavidas. Estaba rezando de nuevo. Su rosario era un hilo que me conectaba con ella, con mi hogar, con algo más grande. No sabía si compartía su certeza, pero sentía su amor, su fuerza, y fue suficiente para seguir luchando.

El día en el hospital se alargó. El dolor ya era como un compañero de viaje. Los tornillos me infundían una nueva agonía en el cráneo. El miedo a la cirugía se cernía sobre mí. Era una tormenta de la que no podía escapar, pero la foto de mi madre junto a mi padre, las palabras de Yolanda, el amor de mis hijas... eran mis anclas. Pensé en la risa de Migue y en la alegría de Silvia, que era una chispa en la oscuridad.

La fe de mi madre era diferente, firme, como un cirio que ardía sin parpadear, incluso con el viento. Me había sostenido en la fiebre, en las penas, en mis otras operaciones, en la vida, y ahora, desde su sillón, me estaba sosteniendo de nuevo. Sus oraciones eran una fuerza que no podía ver, pero que sentía como la luz que entraba cada mañana en mi habitación, alcanzaba lo más profundo de mi ser.

Esa noche, mientras el hospital recuperaba su ritmo tranquilo, recordé aquella famosa foto, la sonrisa de mi madre junto a mi padre era para mí como un faro en la penumbra. Su fe no solo estaba en Dios, sino en mí, en nuestra familia, en el amor que nos unía. La promesa de Yolanda, —volverás —resonó más fuerte en mi corazón, acompañada por el dibujo de mis hijas, el humor de Migue y de mi hermana Silvia.

El halo me atrapó. Sus tornillos eran una prueba de resistencia, pero no pudo apagar la luz de las oraciones de mi madre y el amor que me rodeaba. Cerré los ojos. El dolor era un pulso constante. Hice una promesa. Por mi madre, por mi padre, que ya no estaba con nosotros, por mis hijas, por el fuego del amor de mi mujer, por los corazones de mis hermanos, seguiría luchando.

Este sexto día fue una batalla, pero también un regalo. Una lección de que la fe, como el amor, puede llevarte a través de las noches más oscuras y por los caminos más difíciles.

7

La voz del Dr. Pérez Abela

El halo era un recordatorio constante de mi fragilidad. Un armazón de metal que no solo sujetaba mi columna, sino que parecía apretar mi alma con cada día que pasaba.

En el séptimo día de mi encierro, la rutina del hospital se había convertido en una especie de tortura lenta. El sonido de los timbres; el olor a desinfectante a la hora de limpiar la mesita; el silencio que se colaba cuando estaba solo. Solo se rompía por el cantar de algunos gorriones, el sonido de alguna u otra sirenas.

Mi mente estaba atrapada en el mismo círculo vicioso de miedo y culpa, se aferraba a cualquier chispa de esperanza, aunque fuera frágil.

Esa mañana, la chispa llegó con el Dr. Antonio Pérez Abela, cuya voz, calmada, como si estuviera tocando las teclas de un piano, pero a la vez firme, cortó el aire, como una promesa que no sabía si podía creer.

Yolanda estaba a mi lado, como siempre, su mano envolvía la mía con una calidez que era mi único refugio en este lugar estéril y frío como es una habitación de un hospital. Había estado callada, perdida en sus propios pensamientos.

La puerta se abrió y el doctor Pérez Abela entró. Sus dedos se apretaron, como si ella también necesitara anclarse a algo.

Él era una figura imponente, no por su tamaño, de un metro y setenta y cinco centímetros, que también, sino por la calma que transmitía. Su bata blanca, impecable; sus ojos eran de color avellana claros, entre verde y marrón, con reflejos claros y profundos que reflejaban la luz fría de la habitación, le daban un aire de alguien que había visto demasiadas tormentas y que aún seguía en pie. Su cabello era castaño oscuro.

—Buenos días. Vamos a ver cómo está todo hoy — dijo. Su voz suave te hacía envolverte en un mar de calma, pero precisa, mientras revisaba mi historial en una carpeta.

Mi corazón dio un vuelco, no de emoción, sino de ansiedad. Cada visita médica era un recordatorio de mi dependencia, de que mi vida y mi futuro estaban en manos de este hombre.

El doctor Pérez Abela era el jefe de Traumatología de Granada, el jefe de la especialidad de columna. Él era mi esperanza, pero también mi espejo. Reflejaba lo lejos que estaba de ser el hombre que solía ser yo.

—El halo está haciendo su trabajo — me explicó, acercándose para examinar los tornillos que perforaban mi cráneo. Sus manos eran frías como el hielo, pero a la vez eran seguras y cuidadosas. Una vez terminó de hacerme una pequeña revisión del halo, cogió los papeles que traía consigo, que previamente lo había dejado a los pies de la cama, ajustó unas hojas de mi historial médico. De repente, noté como un pinchazo, que me hizo apretar los dientes, me atravesó por todo el cuerpo.

—La columna está más estable. En unos días estaremos listos para la operación. Todo va según lo planeado— dijo.

Sus palabras eran un bálsamo, pero también una carga.

«Según lo planeado», sonaba a control, a certeza.

Mi mente, traicionera, se aferró a lo que no decía, es decir, a los riesgos, a las complicaciones y a la posibilidad de que nada saliera como esperaba. Quise preguntarle, quise gritar. ¿Y si no funciona? ¿Y si no vuelvo con mis hijas? ¿Y si no vuelvo a andar? Ese era mi gran miedo, el no poder andar, no poder ir detrás de mis hijas, Todo sería muy diferente si perdía eso, ese era el gran miedo que tenía.

Mi voz se quedó atrapada, como siempre, y fue Yolanda quien habló.

—¿Eso significa que está mejorando? —Su tono era un equilibrio entre esperanza y cautela.

El doctor asintió con una sonrisa pequeña, pero genuina, y dijo:

—Sí, estamos en el camino correcto. Necesitamos paciencia.

«Paciencia». La palabra se clavó en mí como otro tornillo. ¿Cómo podía tener paciencia cuando cada día era una eternidad, una lucha constante con mis pensamientos y mis miedos, cuando mis hijas estaban en casa, esperando a un padre que no podía prometerles nada?

La mayor, Yolanda, con su cuaderno lleno de dibujos y sueños, debía estar dibujando algo para mí, algo que me diera fuerza. La menor, Ángela, con su risa que llenaba cualquier silencio, probablemente preguntaba a su madre: «¿Cuándo vuelve papá?». La imagen de sus rostros, tan clavados en mi cabeza, era un faro, pero también una herida. No estaba allí con ellas. No estaba allí para secar sus lágrimas, para decirles que todo estaría bien y que pronto estaría en casa.

La culpa era esa compañera constante, la tenía conmigo en este viaje. Me envolvió, apretando, hasta que respirar se volvió un esfuerzo.

Y mi madre. Dios, mi madre, con un corazón más grande que su propio cuerpo, pero a la vez frágil, debía estar en un sillón, rezando, esperando y sufriendo en silencio a una llamada. Nadie le contaba toda la verdad, porque nadie quería romperla, pero ella lo sabía. Las madres tiene ese don que todo lo saben, aunque se lo quieras ocultar, ellas siempre saben todo.

Quería llamarla, tomar sus manos arrugadas, prometerle que su hijo volvería a casa. Pero estaba aquí, inmovilizado por este halo, dependiendo de un hombre que, por más experto que fuera, no podía garantizar nada, y era normal, en estas clases de operaciones no hay nada seguro nunca. La idea de que mi madre estuviera perdiendo la paz por mi culpa, era un dolor que ni el halo podría superar.

El doctor Pérez Abela siguió hablando, explicando detalles técnicos que mi mente apenas registró o no quería registrar. Hablaba sobre la estabilidad de la columna, el plan para la operación, la importancia de mantener la calma.

Su voz era un ancla, un recordatorio de que había un camino, aunque estuviera lleno de luces y sombras, pero él era esa luz que iba a iluminar mi camino, ese camino que el propio destino nos juntaría sin saberlo, el de la amistad y la confianza que todavía perdura. Pero mi mente, atrapada en su propio laberinto y guerra, no podía dejar de preguntarse: ¿Y si no soy lo suficientemente fuerte? ¿Y si este halo, esta operación, esta enfermedad me roban todo lo que amo? Yolanda, como si pudiera leer mis pensamientos, apretó mi mano con más fuerza.

—Gracias, doctor. Sabemos que está en buenas manos —dijo ella con voz firme y noté cómo en su mirada brillaban lágrimas contenidas.

El doctor asintió, dejando la carpeta a un lado.

—Tú también tienes un papel importante— me dijo, y noté cómo su mirada entró hasta lo más profundo de mi alma. —Tú fuerza, tú voluntad y tú entrega son parte de este puzle. Sigue luchando. Eres un tío fuerte. Por momentos peores habrás pasado. No dejes de seguir luchando como has hecho hasta ahora, y ahora más que nunca, no te puedes rendir, ya queda muy poco. —Sus palabras eran un desafío, pero también un regalo.

Por un momento quise creerle, quise imaginar que mi fuerza, la que sentía desvanecerse cada día, podía marcar la diferencia. Pero cuando se fue, cerrando la puerta con un clic suave, el silencio volvió, y con él, la tormenta.

Yolanda se inclinó hacia mí. Su rostro estaba cerca del mío, a pesar del halo que nos separaba.

—Lo estás haciendo bien, cariño. El doctor tiene razón. Eres fuerte. Por las niñas, por tu madre, por nosotros —susurró.

Su voz era mi salvavidas, pero mi mente seguía atrapada en las palabras no dichas, en los riesgos que el doctor Pérez Abela mencionó días antes. La operación que se acercaba como un tren sin frenos. Quise responderle, prometerle que no me rendiría, pero solo pude apretar su mano mientras mis lágrimas caían sobre mi rostro y dejaban que ellas hablaran por mí.

Esa noche, solo con el zumbido de las máquinas, cerré los ojos e intenté aferrarme a la voz del Dr. Pérez Abela, a su calma, a su promesa de un camino. Mi mente, cruel, me llevó a mis hijas, a sus sonrisas, que no podía ver; a mi madre, a su sillón vacío de mi presencia.

La esperanza que el doctor había encendido era frágil, como una vela en un vendaval, pero era todo lo que tenía. Y por ellas, por Yolanda, por mis hijas, por mi madre, me prometí seguir luchando, aunque el halo y el miedo intentaran vencerme, pero ahí estaría mí mujer para darme la mano, ayudarme a ponerme de pie y seguir para adelante.

8

La sombra del bisturí

El octavo día en la habitación 623 fue un umbral, un momento donde el tiempo pareció detenerse, conteniendo la respiración antes de la caída. El halo, con sus tornillos anclados en mi cráneo, palpitaba con un dolor que se había convertido en mi segundo latido, un cruel recordatorio de la fractura instrumental que tenía dentro de mí cuerpo. Sin yo saberlo me estaba robando la propia vida.

El cantar de unos gorrines se mezclaban con el sonido de los timbres sonando de alguna habitación que otra. El suave arrastrar de algunas zapatillas o zuecos de las enfermeras. El penetrante aroma a flores que entraban por la ventana de mi habitación que estaba entreabierta, se mezclaba con las sirenas de las ambulancias, incluso, alguna vez que otra, con el aterrizaje del helicóptero de emergencias.

Mis hijas estaban allí afuera. Su ausencia era la herida más profunda que cualquier metal o cicatriz. Mi madre era una súplica silenciosa a la que me aferraba. Mi mujer y mis hermanos eran mis anclas, pero el miedo al bisturí, agudo e inminente, proyectaba una sombra más pesada que el propio halo.

Sin embargo, en esa oscuridad, el amor era esa luz que me guiaba hacia la lucha que me enfrentaría. Despertar fue un descenso al terror.

Los tornillos del halo tiraban y su agarre, como no, era inflexible, como si supieran que la cirugía estaba cerca y se apretaran desafiantes. No podía girarme para ver la tenue luz del amanecer filtrándose por la ventana, no podía moverme sin una sacudida que me cortaba el aliento.

Una enfermera llegó temprano, con dos kilos más de pesas. Los dos kilos que faltaban para llegar al objetivo marcado por los especialistas. Ya que estaba allí, me estuvo curando mientras revisaba las pequeñas heridas causadas por los tornillos.

—Estás listo para mañana —me dijo, pero la palabra «listo» me pareció una mentira.

¿Listo? ¿Quién puede estar listo para una operación de esas dimensiones? Era un padre que no podía abrazar a sus hijas; un hijo que no podía aliviar las preocupaciones ni la soledad de su madre; y un esposo que se apoyaba en la fuerza de su mujer por si la mía fallaba.

El halo no solo estabilizaba mi columna, era una jaula. La cirugía era una puerta que no estaba seguro de poder cruzar, causada por miedo. El miedo era mi tormenta, y sus vientos aullaban más fuerte que nunca.

El doctor Antonio Pérez Abela me había explicado el procedimiento días atrás:

—Reparar el instrumental de la anterior operación y estabilizar la columna —me dijo, pero los riesgos que había mencionado días atrás resonaban en mi mente. Infección, complicaciones, la posibilidad de que no despertara. ¿Y si nunca volvía a ver a mis hijas, nunca oiría su risa, nunca sentiría sus pequeñas manos en las mías? ¿Y si dejaba a mi madre agobiada por la pérdida? ¿Y si Yolanda, mi amor, se quedaba sola para cargar con nuestra vida? Eran demasiados miedos.

El halo parecía alimentarse de estos miedos. Es normal tener miedo a lo desconocido.

Sus tornillos presionaban más profundamente, no solo en mi cráneo, sino en mi corazón, amenazando con romperlo. La culpa era igual de implacable, una marea que subía con cada pensamiento sobre mi familia.

Me vino a la cabeza una imagen de mi hija menor con sus rizos enmarcados en su rostro mientras dibujaba; era la única forma de traerme a casa. Mi hija mayor, a través de su mirada, estaría resguardando a su hermana, disimulando sus propios temores detrás de una fortaleza que supera lo que se espera de ella a su corta edad de cuatro años. Mi madre, en su casa, con sus oraciones elevándose como el humo de una chimenea. Mi mujer las sostenía a todas juntas; su fuerza era un milagro que no podía pagar. Cada momento en esta cama era un robo de su alegría, de su paz, de su derecho a una familia completa, a la vida, y el pensamiento era una herida que sangraba con cada latido.

Por la mañana, la visita de Yolanda fue un salvavidas. Su presencia daba una calidez que suavizaba aún más la luz que cada mañana entraba en mi habitación que, aunque estaba solo en la mayoría de las noche, compartía las entradas y salidas de mis hermanos y mi esposa, que se repartían los días entre los tres como buenamente podían.

Mientras escuchaba sus mensajes de voz, como la persona que escucha a su primer amor

—Papá, te queremos —decía con voz dulce, como la primera miel de las abejas.

—Papá, te echamos mucho de menos. Recupérate pronto —decía mi otra hija.

Lo escuchaba una y otra vez. Yolanda, con voz firme, pero con los ojos cansados, cargaba con el peso de los días pasados, ya que conectaba el hospital, el hogar, las niñas y un largo etcétera.

—La pequeña está bien, está en la casa de mi hermano Evaristo y se ha quedado con su primo Rafa. La grande se ha quedado pintando con su primo. Está todo perfecto, todo bien —me dijo.

Se me hizo un nudo en la garganta. Su amor era una chispa que me calentaba y me hería a la vez. Me veían como un valiente, cuando era al revés, yo sí la veía a ella como una valiente, con todo lo que estaba haciendo, y aun así siempre tenía una sonrisa para mí, pero yo me sentía como un cobarde, temblando ante el cuchillo del mañana.

Yolanda se sentó a mi lado. Su mano estaba firme sobre la mía.

—No estás solo en esto —dijo, con una mirada que transmitía fuerza, y a la vez con una voz tan tierna como solo es ella. —Estamos contigo, cariño, en cada paso que tú des estaremos ahí —me dijo. Yo asentí con el halo mordiendo, y le tomé la mano, sacando coraje de su fuego.

El doctor Pérez Abela llegó más tarde. Su serena presencia contrastaba con la tormenta que sentía en el pecho y en mi mente. Revisó mi historial médico con la mirada fija, pero amable.

—Mañana repararemos la fractura. El halo ha cumplido su función. Te operaremos con él y después te lo quitaremos, ahora nos toca a nosotros. Estás en buenas manos —dijo con voz firme.

«En buenas manos». Las palabras fueron un salvavidas, yo sabía que estaba en las mejores, pero los riesgos aún acechaban por mí cabeza, una sombra que no podía quitarme de encima. ¿Y si...? Comencé a decir con la voz entrecortada, pero él me miró a los ojos.

—Haremos todo lo posible —dijo. Su confianza era una roca irrompible ante el peso de las propias olas del mar al romper sobre ellas, a la que me aferraba. Al irse, sentí de nuevo el peso del halo. Sus tornillos eran un recordatorio de la fragilidad que me aguardaba.

Mientras mi mujer estaba esperando fuera, me vino un recuerdo a la mente, nítido y vívido, surgió de una tarde de primavera antes del hospital. Jugando con mis hijas a hacerle cosquillas, sin saber que el tiempo lo iba a reparar más tarde, con sus risas llenando el aire del salón de casa.

Yolanda, observando desde el sofá, sonrió con una mirada tierna y amorosa. Ese momento, tan común entonces, era ahora un tesoro, un recordatorio de lo que me esperaba más allá del bisturí. Me aferré a él, a sus caras, a sus risas, a la sonrisa de mi madre, como si pudieran ayudarme a superar mis miedos.

Uno o dos días antes, en el hospital, vivía con el dolor como compañero constante. Una enfermera entro en mi habitación, venía a prepararme para la cirugía. Análisis de sangre para saber el grupo sanguíneo, si me faltaba alguna vitamina o hierro, todo bien detallado en unas instrucciones, llevaba un portapapeles con unos formularios que tenía que firmar. Cada paso era un recordatorio de lo que se avecinaba.

El miedo era un peso, pero también lo era el amor que me rodeaba. Pensé en mi madre, de los días que me quedaban para poder volverla a ver de nuevo. Su fe era como una fuerza que atravesaba los kilómetros de distancia que nos separaban. A su edad se había enfrentado a más de lo que yo podía imaginar, pero aun así oró por mí con una fuerza que me conmovió. El humor de Migue, la alegría de Silvia y las estrellas de mis hijas eran chispas en la oscuridad, pero la mano de Yolanda, mi esposa, su promesa, era la llama que me mantenía vivo.

Esa noche, mientras el hospital se sumía en el silencio, tracé una estrella en el cielo imaginario de mi propia mente. Su brillo amarillo, que iluminaba el cielo imaginario, era una promesa de mis hijas. El halo era denso, la sombra del bisturí aún más oscura, pero su amor era más denso, más brillante.

Las palabras de Yolanda, —«estamos contigo, no te preocupes de nada, tú solo tienes que ser fuerte y eso es fácil, porque ya lo eres»— resonaron en mi corazón, unidas a las oraciones de mi madre, a las bromas de Migue y a los vídeos que me grababa mi hermana Silvia.

Cerré los ojos, con el dolor como un pulso constante, e hice una promesa. Por las estrellas de mis hijas, por la fe de mi madre, por el fuego de Yolanda y por los corazones de mis hermanos, me enfrentaría al bisturí.

Este octavo día fue un precipicio, pero también una promesa, un testimonio del amor que me llevaría a través de la oscuridad, pero el amanecer me aguardaría otros momentos más vivos.

9

La antena del corazón

Días antes en la habitación del Hospital Virgen de las Nieves, tenía una batalla interna entre mi mente y mi espíritu. El agarre metálico del halo era un recordatorio constante de que mi mundo interior y exterior estaba fracturado, pero quedaba poco para volverlos a unir. Sus cuatro tornillos, que tenía a cada lado de mi cabeza, me daban la sensación de tenerlos enterrados en mi cráneo, latían de dolor a un ritmo que ahogaba todo menos el zumbido de las máquinas, la televisión o los olores del propio antiséptico de cuando limpiaba la mujer de la limpieza.

Mis hijas estaban allí fuera, en casa, con su madre. Sus ausencias eran una herida más profunda que cualquier metal. Mi madre en sus cosas, comprando durante la mañana, sus tardes eternas por un hijo que no podía ver y las noches limpiando su solitario plato en la cocina mientras una pequeña y leve brisa se colaba por la puerta de la terraza. Una imagen clara, como si la estuviera viendo desde la ventana que tenía mi habitación.

Migue, mi hermano, estaría llegando a su casa para almorzar algo y venir a la hora de la merienda a media tarde, como casi siempre hacía, dependiendo del día, mientras mi hermana Silvia estaría preparando la comida para el almuerzo, y más tarde se estaría preparándose la ropa para ir a la mañana siguiente a trabajar y luego venir esa misma tarde, ya que se iban turnando cada día. Así mi mujer podría descansar para luego estar durante la noche conmigo. Eran mis salvavidas, pero la cirugía inminente proyectaba una sombra más pesada que el propio halo y que mi propio miedo.

Sin embargo, en esa penumbra estéril, mi corazón granadino latía fuerte. Mis chistes de Semana Santa y la camiseta de mi Granada C. F., colgada en la pared como si aquella habitación fuera un cachito de un cuarto de mi casa, encendían un fuego que ni siquiera el dolor podía apagar.

Despertar fue una zambullida en el tormento familiar. Los tornillos del halo ardían, cada movimiento era una sacudida que me cortaba la respiración, sumándole el peso de los sacos de arena.

No podía girarme para ver la luz de la mañana filtrándose por la ventana, no podía moverme sin tener que tirar de él. Las enfermeras venían a revisar el marco, con manos firmes, pero cuidadosas.

—Está todo perfecto, las heridas están sequitas —dijo, pero perfecto parecía una burla cuando mi vida era todo lo contrario, estaba atrapado en una habitación que solo me dejaba salir al pasillo.

Mis hijas merecían un padre que pudiera estar con ellas; mi madre, un hijo que pudiera aliviar su corazón dolorido.

El halo no solo sostenía mi columna, me tenía como rehén, y la cirugía, ahora a solo días, se cernía como una tormenta. La culpa era una marea que nunca retrocedía, que subía y bajaba por el peso de los días.

Me imaginaba a mis hijas bailando, dibujando en casa o jugando en el parque, quizás una forma de animarse y olvidar la soledad de no tener a su padre cerca.

Yolanda sostenía a nuestra familia. Su fuerza era un milagro en el que me apoyaba, pero no podía igualar. Cada hora aquí les robaba la alegría y la paz. Pensarlo era un tornillo que se me enroscaba en el corazón. El miedo era más agudo ahora, los riesgos de la cirugía, complicaciones, infecciones, fracaso, resonaban en mi mente.

¿Y si no despertaba? ¿Y si dejaba atrás a mis hijas, a mi madre, a Yolanda? O peor, ¿y si no podía andar?

El halo parecía apretarse con estas dudas y con mis miedos. Él era mi mente y yo su cuerpo. Sus tornillos se apretaban en mi alma. En esa oscuridad, mi espíritu granadino se agitaba. Era un destello de desafío. En la pared colgaba la camiseta del Granada C. F., con sus rayas rojas y blancas. Una bandera de orgullo.

Silvia, sonriendo mientras la clavaba en la pared, dijo: «Tu amuleto de la suerte, hermano», y lo era, un trocito de hogar, de pasión, de la ciudad que corría y corre por mis venas.

Por la noche, la visita de Yolanda fue un estallido de luz. Su presencia suavizaba hasta las luces de la habitación. Traía unas pequeñas piezas de frutas para poder comerlas de postre junto a mí. Le pregunté por las niñas, a lo que me respondió:

—Las niñas bien. Están en la casa de sus tíos, como cada noche. Me han dicho mi hermano Evaristo y mi cuñada Rosa que mucha fuerza y que te mejores pronto, además de que le debes un kebab, donde siempre, en nuestro amigo Addu, allí en Armilla, que tienen ganas de ver cómo asciende el Granada para celebrar las dos cosas cuando regreses. A la pequeña le dejaremos tu bufanda. La grande está aprendiendo los cánticos.

Se me hizo un nudo en la garganta. Su amor era una chispa que me reconfortaba y me hería a la vez. Era una sensación extraña.

Ellos eran para mí, mi droga, esa droga que se llama amor y que, por un momento, consigue que se me olvide dónde estaba y lo que llevaba puesto, pero me sentía frágil, la sombra de la cirugía se cernía sobre mí.

Yolanda se sentó a mi lado, con la mano firme, y me dijo:

—Eres más fuerte de lo que crees, y tú en el fondo lo sabes.

Apreté su mano, el halo mordaz como él solo, y saqué coraje de esas palabras que se me grabaron en la mente como fuego.

Antes de esa tarde, mientras el hospital estaba con su rutina de siempre, me vino a la mente un reflejo nacido en las calles de Granada.

Fuera se desarrollaba la Semana Santa, preciosa como ella sola. Me podía imaginar los pasos de esos costaleros y de esas costaleras arrastrando sus pies por cada calle de mi Granada. Procesiones que serpenteaban por la ciudad, el aire cargado de incienso y devoción, de creencia, de un «¡viva!» de cada uno de su cofradía, porque quien no lo ha vivido desde dentro o debajo de un paso, no lo puede saber.

Migue había mencionado un paso que había visto días antes. Se me ocurrió una idea para el día siguiente. Con la ayuda de una auxiliar, cuyo nombre no voy a revelar, me ayudó a levantarme de la cama y, con mucho cuidado y delicadeza, salimos al pasillo de la planta. Miré a la derecha, luego a la izquierda, para ver que estábamos solos, y nos fuimos al fondo de dicho pasillo, dónde estaban todas las sábanas. Cogimos una sábana, de las tantas que había allí mismo, y me la puso con mucho cuidado, encajaba perfectamente sobre mí, como el manto de cualquier paso, con el halo como corona.

De fondo sonaba *La Saeta* de Joan Manuel Serrat al Paso del Cristo de la Salud, de la Hermandad de los Gitanos. La auxiliar no daba crédito a lo que veía por esos ojos claros, mientras lo grababa con el móvil.

Al día siguiente, ese vídeo fue aplaudido por mucha gente, incluso por los propios médicos, y en especial por el mío. No por lo que hice, sino por las ganas de vivir y la fuerza mental que demostraba, por la situación que estaba pasando, que no era mi mejor momento. Pero no me quedaba otra, o me comía o me lo comía yo a él.

Pues bien, no dejándolo ahí, me dio por coger el barreño donde me lavaba la cara.

—Era perfecto para mi próximo vídeo —le dije yo a mi hermana Silvia. Era una palangana. —Parece una antena parabólica —le dije en broma a mi hermana, con la voz ronca, pero viva.

—Jesús, ¿qué haces? —me dijo mi hermana.

—¿No me ves? Sintonizar el fútbol para ver al Granada jugar, —Ella rio hasta no poder más, un sonido que llenó la habitación y, por un momento, el peso del halo se aligeró.

—Por cierto, ambos vídeos se pueden ver en mis redes. Se puede preguntar en la sexta planta, algún médico o enfermera de aquellos años se podrá acordar, se seguirán acordando de aquello, lo más seguro.

—Eres imposible —dijo, mi hermana con los ojos brillando de alegría.

—Dile a Migue que lo ajuste para el próximo partido. Que lo estoy viendo desde aquí un poco regular, con interferencias —le dije yo a mi hermana mientras me echaba a reír.

La broma, por tonta que fuera, era una rebelión, un decir «aquí estoy yo», una negativa a dejar que el halo me robara el ánimo y, sobre todo, por ser durante unos minutos dueño de mi cuerpo y de mi mente, sobre todo de la mente, cosa que por esos días no era dueño de ella.

Migue llamó más tarde. ¡Su risa rugía a través del teléfono!

—¡Antena parabólica! ¡Genio! Le voy a decir a la cofradía que te dedique una marcha. El Paso del Cristo de la Salud, de la Hermandad de los Gitanos —me siguió diciendo.

Reí entre dientes. El dolor me ardía, pero valió la pena. Por un momento yo tenía el control de mi mente y de mi cuerpo. Poco tiempo después, recibí una grata sorpresa.

Una tarde se puso en contacto conmigo una persona en representación del grupo de animación, Curva Sur, me preguntaron cómo me encontraba de ánimos, y si era posible vernos, que me tenía que entregar unos obsequios.

Yo le dije que claro, que nos podíamos ver, aunque yo no podía bajar ni él subir, pero ya me encargaría de bajar. Quedemos al día siguiente.

Esa tarde me puse en contacto con mi médico, Dr. Antonio y le expliqué los motivos por los que tenía que bajar a la calle, que iban a ser solo unos minutos, no más, que me iban a traerme unos regalos el grupo de animación del Granada y como él no podía subir, que si podía bajar yo. . Mi doctor me dijo:

—Espérate un momento que te voy a dar un permiso para que puedas bajar, así en la puerta no te pondrán ninguna pega, y tampoco las enfermeras. Si te dicen algo les enseñas el papel, y si tienes algún problema me lo dices.

Efectivamente, no me dieron ningún problema al día siguiente, bueno, un poco sí, el vigilante de la puerta, pero era normal, iba en un carrito achuchado por mi hermana, que estaba esa tarde, con el halo y a eso le sumas las pesas que rozaba el suelo, el pelo como lo tenía, sin afeitar, con mi bata blanca. L a verdad, hasta a mí me daba cosa.

Cuando estaba allí abajo, vino una persona en representación de ellos. Se quedó impactado al verme, yo recreo que era por todo, no era lo mismo verme por fotos que cara a cara. Me trajeron un chubasquero, una camiseta de animación, una bufanda y ¿cuál fue la mayor sorpresa? La camiseta firmada por todos los jugadores de mi Granada.

—Aquí tienes unos obsequios nuestros, y esta camiseta es para ti —me dijo él. Estaba firmada por toda la plantilla.

Yo le di las gracias por todo lo que me hicieron llegar, a lo que él me respondió:

—No tienes que darlas, ahora te toca ser fuerte y seguir luchando, como lo estás haciendo hasta ahora, sigue con tus vídeos y fotos, que nosotros animaremos por ti también. Nos vemos pronto en el campo. Tienes que ver cómo ascendemos y verás que fiesta se montará en Granada.

—Eso haré.

—Tú concéntrate en ganar este partido —me respondió él antes de irse.

Su humor, combinado con el mío, fue una chispa, y más con la camiseta firmada, ya en mis manos, por los héroes de Los Cármenes. Fue mi bandera, un recordatorio de que tenía que seguir luchando.

Este recuerdo está actualmente enmarcado y colgado en una parte muy especial de mi casa. En mi memoria afloró lo vívido, como el rugido de un estadio. Meses antes de ocurrir todo esto, llevé a Migue a un partido del Granada. Estábamos con nuestras bufandas en alto mientras el equipo luchaba bajo las luces de

Los Cármenes. El cántico de la multitud «¡Gra-na-da!¡Gra-na-da!», estremeció las gradas, no parábamos de animar, y cuando marcaron el estadio parecía como si se viniera abajo. Migue me abrazó, con una sonrisa tan amplia como Sierra Nevada.

—¡Esto es vida, hermano! —gritó, y lo era, pasión, unidad, hogar y, sobre todo, alegría.

Ahora, en la habitación 623, ese recuerdo era un fuego alimentado por la camiseta en la pared. Sus firmas eran una promesa de la vida que recuperaría. El halo podía sostener mi cabeza, pero no mi corazón, no cuando el Granada estaba en él y, sobre todo, cuando jugaba.

El día en el hospital transcurría. El dolor era un pulso constante, ya era algo casi como si fuera mío. Una enfermera me preparaba para la cirugía del día siguiente: pruebas, formularios, instrucciones. Cada paso era un recordatorio de la sombra del bisturí. El miedo persistía, pero también el amor que me rodeaba. Pensé en mi madre, en su fuerza a través de los kilómetros. La alegría de Silvia, la tarjeta brillante de mis hijas, la fuerza de Yolanda, mi luz en las noches más oscuras. Eran mi equipo, y la camiseta, mi armadura.

Había bromeado haciéndome pasar por una antena parabólica y un paso de Semana Santa, pero mi corazón era la verdadera antena, sintonizado con su amor, su esperanza, su espíritu granadino.

Esa noche, mientras el hospital se tranquilizaba después del día tan intenso que viví, miré la camiseta que tenía colgada en la pared de mi derecha y vi como sus rayas brillaban en la penumbra. Mi chiste de Semana Santa y mi orgullo granadino, todo eran desafíos, una negativa a dejar que el dolor ganara.

Las palabras de Yolanda: «Eres más fuerte de lo que crees», resonaron, unidas a las estrellas de mis hijas, a la risa de Migue, a la alegría de Silvia, a las oraciones de mi madre, y a las palabras de un grupo de animación que, sin conocerme, me hicieron el mayor regalo que se le puede hacer a un aficionado del fútbol.

El halo era pesado, la cirugía más pesada aún, pero su amor era más pesado, más brillante.

Cerré los ojos, el dolor tenía un ritmo, y juré por los cánticos de mis hijas, por la fe de mi madre, por el fuego de Yolanda, por los chistes malos de Migue, por la alegría de Silvia, por el rugido de mi Granada en cada gol, que lucharía hasta el final.

Este noveno día fue una batalla que se quedó en tablas, pero también fue una alegría. Un testimonio del corazón que latía por el hogar, por la familia, por Granada y, sobre todo, por mí.

10

Bajo el bisturí

El décimo día en la habitación 623 del Hospital Virgen de las Nieves fue un precipicio, un momento donde el tiempo contuvo la respiración antes de precipitarse.

El halo, con sus cuatro tornillos clavados en mi cráneo, latía con un dolor que se había convertido en mi sombra. Era un cruel recordatorio de la fractura instrumental que me había arrebatado la vida.

Hoy era el día. El doctor Antonio Pérez Abela me curaría la columna junto a todo su equipo, y el halo se desprendería. Una promesa de libertad mezclada con miedo.

El zumbido estéril del hospital, el pitido de los monitores, los timbres sonando un poco antes del cambio de guardia, se cerraba, amplificando el peso del bisturí.

Mis hijas, de cuatro y un año, estaban allí fuera; su ausencia era una herida más profunda que cualquier metal. Mi madre rezaba, y hoy más que nunca. Su rosario era una súplica silenciosa por un hijo que tendría que entrar en un quirófano entre las calles de Granada.

Yolanda, Migue y Silvia eran mis anclas, y la camiseta del Granada C. F. en la pared, firmada por Puertas, Uzuni, B. Zaragoza y el equipo, era mi estandarte. Sus franjas rojas y blancas eran una llamada a la lucha. En ese momento, entre el miedo y la esperanza, su amor y mi corazón granadino me llevaron hacia lo desconocido.

El día de la operación, para mí el más importante, el todo o el nada, sobre las seis y media de la mañana llegó una auxiliar para hacer la cama mientras yo me duchaba como podía, ayudado por mi mujer y tallado en el dolor y en la esperanza. Los tornillos ardían. Cada latido era un pulso de fuego, como si el metal supiera que su tiempo se acababa y luchara por sostenerme. No podía girarme para ver la luz de las farolas que se filtraban por la ventana. No podía moverme sin que una sacudida me robara el aliento.

La enfermera llegó temprano, justo después de la ducha me tomó la temperatura para prepararme para la cirugía. Revisó mis constantes vitales, colocó una vía intravenosa. Su voz era tranquila, pero distante:

—Estás listo —me dijo. Pero listo se sentía como una mentira. ¿Listo? Listo me sentía desde el primer día.

Había tenido mucho tiempo libre durante estos diez días que estuve con el halo, y me había preparado mentalmente, porque físicamente, la verdad, es que daba un poco de pena.

Era un padre que no podía abrazar a sus hijas; un hijo que agobiaba las oraciones de su madre, y más ese día; un esposo que se apoyaba en la fuerza de Yolanda cuando la mía flaqueaba.

El halo no solo estabilizaba mi columna; era una jaula, y la cirugía era una puerta que temía cruzar. El miedo era una tormenta, sus vientos aullaban mientras la camilla rodaba hacia el quirófano, y por más que uno se prepare, cuando llega la hora de la verdad siempre tienes miedo, o esa cosilla que te entra en el cuerpo que ya no sabes si son los nervios de la operación.

Las palabras del doctor Pérez Abela de días anteriores resonaban en mi cabeza «reparar la fractura y estabilizar la columna», pero los riesgos eran aún mayores: infecciones, complicaciones, la posibilidad de que no despertara. ¿Y si nunca veía las sonrisas de mis hijas? ¿Y si nunca escuchaba las historias de mi madre? ¿Y si nunca volvía a abrazar a Yolanda? ¿Andaría?

El halo parecía apretarse. Sus tornillos presionaban mi alma.

La culpa era igual de feroz. Me imaginé a mi hija menor bailando y dibujando. Mi hija, la mayor, con su mirada estaría protegiendo a su hermana, cargando con miedos demasiado grandes para sus cuatro años. Mi madre, en su casa de Granada, estaría aferrada a su rosario, mientras sus oraciones se elevaban como el incienso. Yolanda las mantenía unidas; su fuerza era un milagro que no podía pagar. Cada momento aquí les robaba la paz, y el pensamiento era una herida que sangraba con cada paso hacia la cirugía. La presencia de Yolanda antes de que me llevaran en camilla fue un salvavidas. Me faltó llevarme la bufanda del Granada para romper el hielo de una bajada de ascensor.

Se me hizo un nudo en la garganta. Su amor era una chispa que me calentaba y me hería. Me veían como a su campeón, pero me sentía frágil. La sombra del bisturí se cernía sobre mí.

—Volveré por ellas —susurré con voz ronca.

—Lo harás, amor, y te estaremos esperando.

Yolanda me miró, me apretó fuerte y prometió con ojos feroces. Me aferré a sus palabras, al pensamiento de la camiseta —el desborde de Puertas, la mano firme de Raúl Fernández— un recordatorio de la lucha en mi sangre.

El quirófano era una mancha de luz fría y rostros enmascarados. La voz del Dr. Pérez Abela se abrió paso, tranquila y segura:

—Vamos a cuidarte —dijo, mirándome a los ojos por encima de la mascarilla.

Asentí, pero antes no se me ocurrió otra cosa que decirle:

—¿Me puede quitar esta verruga?

—Por supuesto —me dijo él.

Con el halo penetrante sentí la atracción de la anestesia, una pesada marea que me arrastraba. Mi último pensamiento fue la camiseta del Granada; sus rayas eran un faro, y la voz de Yolanda, una promesa.

El mundo se desvaneció, el peso del halo se disolvió en la oscuridad y me entregué al bisturí y a la esperanza de despertar de nuevo.

La cirugía fue un vacío, una brecha en el tiempo que solo pude reconstruir más tarde. La vi en fragmentos: las manos firmes del doctor Pérez Abela, el tintineo de los instrumentos, el zumbido de las máquinas. Me abrieron la espalda, repararon la fractura, fusionaron las vértebras con un metal que sujetaría el hueso que había fallado.

El halo, mi captor durante días, fue retirado durante el procedimiento; sus tornillos se aflojaron uno a uno; cada giro era una liberación y un pinchazo. No lo sentí entonces, perdido en la neblina de la anestesia, pero el recuerdo persistió como un sueño. El armazón metálico levantándose, mi cabeza libre, pero frágil. Mi cuerpo estaba confiado a la habilidad del cirujano. Despertar fue una lenta subida a través de la niebla. Mi mente estaba pesada, pero mi cuerpo aún más.

Ya estaba de vuelta en una habitación de la UCI, allí me tiré un día. El halo se había ido. Me sentía extraño después del agarre del metal. El dolor palpitaba donde los cirujanos habían trabajado, un fuego profundo y doloroso, diferente de la mordida aguda del halo, pero no menos real. Mi cráneo hormigueaba donde habían estado los tornillos, y los pequeños vendajes marcaban su salida.

A la mañana siguiente, cuando me subieron a media mañana, al entrar a la habitación me quedé quieto, con miedo de moverme. Mis ojos estaban encontrándose con la camiseta del Granada en la pared. La enfermera del turno de la mañana estaba allí revisando los monitores, los drenajes, los sueros y la medicación, sobre todo la bomba de la morfina, que al día siguiente hice que me la quitara porque no me hacía falta.

—La cirugía ha sido un éxito. Ya has pasado lo peor —me dijo.

«Lo peor». Las palabras fueron un salvavidas, pero el dolor, el soporte y el aislamiento inminente me recordaron que la lucha no había terminado. Estaba cansado física y mentalmente.

El alivio fue abrumador, pero también la culpa. Había sobrevivido, pero mis hijas seguían sin su padre, mi madre seguía rezando y Yolanda seguía cargando con nuestro mundo. Mis miedos seguían ahí, quedaba otra cirugía más y esta sí era más compleja que la anterior.

Me imaginé a mi hija menor, con sus rizos enmarcando su rostro mientras sacaba otro regalo, quizás una foto para mandármela. Mi hija mayor, sin querer, estaría protegiendo a su hermana. Su fuerza era un reflejo de la de su madre. El rosario de mi madre, resonando en su casa de Granada, era ahora una oración de gratitud, pero sentía el peso de su preocupación.

El halo se había desvanecido, pero la distancia entre ellas permanecía, y el aislamiento de veinte días que nos esperaba se cernía sobre mí como una nueva jaula.

Un recuerdo afloró, vívido como el rugido de Los Cármenes. Antes del hospital, llevé a Migue a otro partido del Granada. Aquel día el estadio rebosaba de cánticos. Él compartía mi bufanda mientras cantábamos nuestro himno y con ella en mano la ondeábamos como una bandera. Reíamos mientras Migue la alzaba. Uzuni marcó. Su alegría estaba perdida entre el «¡Granada!» de la multitud. Migue, a mi lado, cantó el himno. Su voz se fundía con la mía. «Este es mi hogar», había dicho, y lo era: Granada, familia, pasión, inquebrantable.

Ahora, en la habitación 623, ese recuerdo era un fuego. La camiseta en la pared era mi llama. Esas señas de identidad —el estilo de Uzuni, la garra de un jugador grande— eran mis compañeras de equipo. Me animaban a seguir luchando.

Yolanda regresó esa tarde. Su presencia era un bálsamo. Traía una nueva nota de las niñas: «¡Recupérate pronto, papá!», en letras grandes y negritas. Mi corazón se hinchó. Su amor era una chispa que ardía a través del dolor.

—Dile que yo también me la pondré —le dije, asintiendo con la cabeza hacia la camiseta, y Yolanda se rio y sonrió, un sonido que ahogó los monitores.

—Migue dice que ahora eres el jugador más duro del Granada —añadió, y sonreí, imaginando su sonrisa, sus chistes de «antena parabólica».

Silvia también me había enviado un mensaje: «Un fuerte abrazo y nos veremos pronto. Yolanda», un silencioso guiño a mi supervivencia.

El día en el hospital se alargó. El dolor era como un nuevo compañero. Las enfermeras me ajustaron el oxígeno y revisaron las incisiones. Sus movimientos eran una rutina borrosa.

El miedo persistía: complicaciones, recuperación, aislamiento, pero también el amor que me rodeaba.

El doctor Pérez Abela me visitó de nuevo, con una calma inquebrantable y mostrándome una radiografía, incluso las fotos de la operación. Me dijo:

—La fusión es sólida. Eres lo suficientemente fuerte para lo que sigue. Que sepas que te hemos quitado la verruga que nos habías pedido quitar.

Miré la camiseta, sus firmas, una llamada a la batalla, y sentí el espíritu del Granada en mis huesos. Esa noche, mientras el hospital se tranquilizaba, miré la bandera del Granada y su escudo, cuyos colores eran un faro para mí.

El dolor latía, el aislamiento se cernía sobre mí, pero el amor era más feroz. El fuego de Yolanda, la fe de mis hijas, las oraciones de mi madre, el humor de Migue, las risas de Silvia, el rugido del Granada. El halo se había ido, el bisturí sobrevivió, pero la lucha no había terminado.

Cerré los ojos, el dolor era un ritmo, y juré, por la bandera de mis hijas, por el rosario de mi madre, por la fuerza de Yolanda, por los corazones de Migue y Silvia, por la firma de Uzuni y por las rayas del Granada, que me levantaría de nuevo.

11

El umbral del aislamiento

Desperté al undécimo día en una habitación del Hospital Virgen de las Nieves, no era la mía, estaba en la UCI, con el cuerpo atravesado por un dolor profundo, distinto, más hondo. La primera cirugía que había corregido mi columna había terminado, y el halo ya no estaba, por primera vez era libre. Los tornillos metálicos que, durante nueve días, habían sujetado mi cabeza, habían desaparecido, ya solo me quedaban cuatro marcas de aquel recuerdo. Gracias al Dr. Antonio Pérez Abela, aquel artefacto que me mantuvo suspendido entre el miedo y la resistencia ya era cosa del pasado. En su lugar, un latido constante palpitaba allí donde los médicos habían trabajado.

El hospital estaba en silencio. Los pitidos intermitentes de las máquinas de la sala, el murmullo de los enfermeros junto a los médicos que entraban y salían rompían esa paz que había en el cuarto. Mi cuerpo estaba lleno de cables, para saber las pulsaciones de mi corazón, mi muñeca cubierta por un vendaje que sujetaba una vía, por ahí me entraba parte de la medicación, en el otro brazo tenía un tensiómetro, en el cuello tenía otra vía que pasaba por la aorta donde me metían los calmantes para que fuera el dolor más llevadero, en el costado un drenaje aspirativo (se llama redón) y servía para aspirar la sangre que se acumula inicialmente en el lecho quirúrgico y evitar que se formen hematomas que compriman estructuras y

95

puedan provocan dolor y facilitar una infección. Allí eran más estrictos, durante los tres días que me tiré allí, tenían que entrar en un horario específico, dos veces al día, uno a media mañana y el otro a mitad de la tarde, una vez terminada con la última visita ya hasta el día siguiente. Yolanda podía visitarme, igual que mis hermanos, Migue y Silvia, pero siempre con mascarilla. Sin abrazos. Sin piel. La visita era más fría, más distante, allí no se podían dar besos. Esos días fueron para mí como una semana, sólo podía medir el tiempo por un reloj que estaba en frente de mí.

A los tres días me volvieron a subir a planta de nuevo, a la habitación donde empezó todo. Me sentí atrapado de nuevo, no por el metal, ni por la soledad, ya que mi familia se podía quedar allí todo el día, como al principio. Miré a mi lado derecho, ahí estaba mi camiseta del Granada C. F. colgada en la pared, era mi única luz en la penumbra. Me hablaba de mi ciudad, de mi gente, de mi identidad, de la lucha. El amor y mi orgullo granadino me ayudarían a afrontar ese momento de lucha, y ahora más que nunca, porque ya dependía de mí.

La luz de la mañana se colaba por la ventana, pálida, casi tímida. Sentía la cabeza extraña sin el halo, más ligera, sí, pero también inestable, como si pudiera flotar y desaparecer. La piel estaba sensible por la operación. En la cabeza notaba una presión por los apósitos que cubrían los puntos donde habían estado los tornillos. El cuello me dolía. Y más abajo, en lo profundo del cuerpo, la cirugía se manifestaba como un peso constante, allí donde las placas de metal ahora mantenían firme mi columna.

Cada movimiento provocaba un escozor agudo, eléctrico. Decidí quedarme quieto, mirando las placas del techo, contándolas una a una para distraer la mente del dolor.

La enfermera entró con el rostro cubierto por una mascarilla, solo se le podía ver sus ojos, los cuales transmitía ternura. Revisó mis vendajes y la vía intravenosa con movimientos precisos, pero suaves, y decidió quitar aquella vía que ya no me iba a servir para nada, con aquello quitado, repitió la misma operación con un drenaje o redón, que tenía en el costado y, por el último, el de la orina.

—Te estás recuperando bien para todo lo que te han hecho —me dijo—. Solo tu esposa y tus hermanos pueden visitarte. Nadie más. Sin excepciones. Por lo menos de momento, y ya sabes que solo puede estar uno en la habitación y con la mascarilla puesta —dijo con voz amable y rápida.

Sus palabras me golpearon como una ráfaga de aire frío. Había sobrevivido a la cirugía, pero ahora me enfrentaba a veintidós días sin las sonrisas de mis hijas, sin los brazos de mi madre, sin las bromas de Migue frente a frente. Porque la operación era muy reciente y estaba lleno de grapas por toda la parte de mi espalda y parte de uno de mis costados.

La habitación se encogió. Las paredes parecían más cercanas, como si se cerraran sobre mí, transformándose en una nueva jaula, era como estar en una jaula de cristal, ya que, por el momento, no podía salir ni siquiera al pasillo.

El dolor también había cambiado. El halo había sido cruel, una presión constante, como clavos clavados en el cráneo, día y noche. Este dolor era distinto, profundo, interno, asentado en los huesos, en el lugar exacto donde la columna había sido cortada y fusionada.

El corsé era más amable que el halo, pero seguía sujetándome con firmeza. Me convertía en una estructura rígida. Girar la cabeza o mirar hacia abajo me daba miedo. Después de tanto tiempo, no sabía qué podía pasar si forzaba un gesto. Me llevé la mano a los apósitos de la frente y fruncí el ceño. Dolían como moratones persistentes. Todo el cuerpo pesaba, como si ya no me perteneciera. Intenté moverme en la cama. El dolor se intensificó de inmediato, una quemazón que me arrancó un resoplido.

La enfermera lo notó y ajustó la almohada. Sus manos eran rápidas, pero cuidadosas.

—Tómalo con calma. Tu cuerpo ha pasado por mucho —me dijo.

Tenía razón, pero la lentitud se me hacía insoportable cuando estaba tan lejos de mi familia, cuando cada minuto en esa habitación se sentía como un tiempo robado.

Vino un auxiliar, me trajo una bandeja de comida con zumo de piña, pero tenía la garganta demasiado cerrada para comer lo suficiente, no tenía apetito.

Otra auxiliar me ayudó a incorporarme en la cama, bajándome de altura. Me sujetó el brazo mientras me movía con extrema lentitud. Cada movimiento era incómodo, pero a la vez era un pasito más cerca de ver a mis niñas y, sobre todo, de poder abrazar de nuevo a mi madre.

—Tienes que empezar a moverte un poco. Ayuda a la curación —dijo con voz suave.

Moverme me daba miedo. ¿Y si la columna no resistía? ¿Y si las placas se desplazaban? ¿Y si aparecía una infección? La cirugía había terminado, pero el miedo seguía ahí.

Miré la camiseta del Granada en la pared, sus rayas rojas y blancas llamativas. Pensé en la camiseta firmada por todos los jugadores, que estaba en casa. Estaba allí para colgarla cuando yo llegara. Me acordé de cómo se reían de mi chiste de la «antena parabólica», diciendo que desde el hospital podía captar los partidos del Granada y también la Semana Santa.

Esa camiseta era mi ciudad. Mi fuerza. Un recordatorio para seguir luchando incluso cuando el cuerpo flaqueaba. Me dolía más el corazón que la carne. Extrañaba a mis hijas con un peso real en el pecho. La pequeña, con su sonrisa luminosa, estaría en la casa de sus tíos, al cuidado de su primo Rafa, dibujando o jugando, enviándome amor sin saberlo. La mayor, tan pequeña aún, haciéndose la fuerte por su hermana, escondiendo sus miedos para cuidar a los demás. Solo tenía cuatro años, demasiado joven para llevar ese tipo de carga, pero lo hizo por mí, por su hermana y por su madre. Me sentía culpable, como si les estuviera robando la infancia estando aquí, atrapado en estas cuatro paredes, y lo que era peor, en esta cama.

Mi madre estaría en su casa de Granada, pasando las cuentas del rosario entre los dedos. Podía imaginarla sentada frente a la ventana, rezando con una fe firme, aunque las manos le temblasen del miedo.

Yolanda los sostenía a todos, siendo valiente, pero sabía que estaba cansada y con las fuerzas al límite. La culpa era como un cuchillo, retorciéndose cada vez que pensaba en ellos, tan cerca, pero a la vez tan lejos. Yo también tenía miedo, no solo del dolor, sino de lo que estos veintidós días me harían. ¿Y si no podía mantenerme fuerte sin ver las caras de mis hijas o escuchar la voz de mi madre? ¿Y si la soledad me rompía, no el cuerpo, sino el corazón?

La habitación del hospital se sentía como una caja, las paredes lisas y frías, los pitidos y los olores eran recordatorios constantes de lo solo que estaba. La cama era como un nuevo halo, sujetando mi cabeza, pero alejándome de mi familia. Me preocupaban las infecciones, que mi columna no sanara bien, perder las ganas de luchar y lo que era peor de vivir.

La camiseta del Granada estaba allí, como un equipo, animándome. Pensé en cada uno de esos jugadores, Antonio Puertas, rápido y feroz, marcando en Los Cármenes; Miguel Rubio, firme en defensa, sin rendirse nunca. Lucharon en el campo, y yo tenía que luchar aquí, por mis hijas, por mi madre, por Yolanda, por el Granada.

Yolanda llegó por la tarde, pero ya no era como antes. Las normas del hospital cambiaron, ahora venía con el rostro oculto tras una mascarilla. En la mano sostenía un nuevo dibujo de las niñas. En él había escrito: «¡Fuerza, papá!», en letras grandes y coloridas.

—Están convirtiendo nuestra casa en un museo—dijo con voz suave, pero cálida.

Sus ojos sonreían por encima de la mascarilla. Mi corazón se hinchó, pero también se rompió al mismo tiempo. No podía abrazarlas. No podía ver sus caras. El dibujo era brillante, lleno de su amor, pero me hizo extrañarlas aún más.

Yolanda se acercó. Su mano buscó la mía, hasta que se encontraron.

—No estás solo. Estamos contigo, como en un partido del Granada, todos aplaudiéndote —dijo con voz suave, como si no quisiera romper, en aquel momento, el silencio que había en la habitación.

Miré la camiseta, sus rayas brillando en la penumbra, y asentí, con la garganta demasiado cerrada para hablar.

—Dile que juego para ellas. Que marcaré para ellos —dije finalmente con la voz ronca.

Yolanda sonrió, con los ojos brillantes, y dijo:

—Ellos lo saben, amor. Son tus mayores *fans*.

Sus palabras fueron como una mano cálida sosteniéndome cuando sentía que me caía. Se quedó todo el tiempo contándome cosas de casa. Las niñas estaban viendo los partidos del Granada por televisión con su tío Iván, cantando, como siempre, haciendo reír a todos. Mi hija mayor me dibujaba un precioso dibujo de un paisaje lleno de amor.

Yolanda dijo que mi madre había encendido una vela en la iglesia, y que rezaba por mí, con su fe tan firme como siempre. Podía imaginarlas a todas, mis niñas, mi madre, Yolanda, llevándome en sus corazones, igual que yo las llevaba en el mío.

—Tú hermano dice que eres más duro que una roca, hasta el vecino ha preguntado por ti, a ver cómo estabas —me dijo Yolanda, riendo suavemente, y sonreí, imaginando la sonrisa de mi hermano. —Están planeando una fiesta del Granada, si ascienden, para cuando vuelvas, me ha dicho el vecino.

Pensar en mi hermano, siempre bromeando, como era él, siempre animándome, hizo que la habitación se sintiera menos fría.

Yolanda se fue al baño cuando la enfermera entró a la habitación para tomarme la temperatura.

Más tarde, Migue llamó. Su voz sonó fuerte a través del teléfono del hospital, como si estuviera ahí mismo.

— ¡Hermano, eres más duro que Puertas en una escapada! —dijo, riendo, y pude imaginar su amplia sonrisa y sus ojos brillando, como en Los Cármenes. —¡Más te vale, o te haré ponerte el disfraz de antena! —bromeó y, por un momento, la soledad se desvaneció. Su voz era como un puente a casa.

Más tarde recibí la llamada de mis cuñados, donde se quedaban a dormir cada noche mis niñas.

—Las chicas están en un desfile aquí en casa con su primo.

Sonreí, aunque me dolía la cara al moverme.

—Diles que estoy fuerte y que pronto nos veremos —dije, pensando en nuestra familia.

Silvia también me envió un mensaje, «Mañana nos vemos, ahora descansa», escribió, y pude ver su dulce sonrisa, su silenciosa forma de levantarme el ánimo. Mantuve el teléfono cerca. Sus palabras eran como un abrazo que no podía sentir, pero sabía que estaba allí.

El Dr. Pérez Abela pasó por mi habitación, esa tarde tenía ganas de verme. Su voz serena interrumpía el silencio. Revisó mi historial clínico, con la mirada fija.

—Tu columna está estable —dijo, mostrándome una radiografía. —Las placas metálicas de tu columna están muy bien. El corsé sabes que eres tú mismo, pero ahora descansar es fundamental. Eres lo suficientemente fuerte para esto.

«Lo suficientemente fuerte». Sus palabras fueron un regalo, pero el aislamiento las hacía difíciles de retener. Le di las gracias con la voz débil, y él asintió, con la mano sobre mi hombro un momento antes de irse. Ahora sería más fácil, no tenía que esperar a nadie para ponerme un corsé, ya que no me hacía falta ponérmelo, y eso era un gran paso.

Miré la camiseta del Granada mientras una lágrima se deslizaba sobre mi rostro, y sentí una fuerza en los huesos. No se rindieron, y yo tampoco lo haría.

Un recuerdo me vino a la mente, nítido como un día de verano en Granada. Antes del hospital, llevé a Migue a un partido del Granada en Los Cármenes. El estadio estaba lleno de vida, la multitud gritaba «¡Gra-na-da!», riéndonos mientras Migue y yo ondeábamos la bufanda en la salida de los jugadores.

Mi hermano y yo nos fundimos en un abrazo cuando Puertas marcó. Su alegría se perdía entre los gritos de la multitud.

Mi hija estaría viéndolo en la casa de sus abuelos con su tío Iván, cantando el himno. Su voz se fundía con la mía y su mano era cálida en el aire frío.

—Estos somos nosotros —me dijo, apretándome la mano, y era familia, Granada, pasión, todo en uno.

Nos quedamos hasta el pitido final animando al equipo por la victoria, porque el Granada nunca se rinde. Esos momentos eran mi corazón, mi hogar, y ahora, en la habitación, brillaban con fuerza.

La camiseta en la pared representaba esas noches, esas ovaciones, esas victorias y ese amor. Un recordatorio de lo que me esperaba.

El día se alargó, lento y pesado. Las enfermeras iban y venían con el rostro enmascarado y la voz apagada.

—Bien —me dijo, pero no me sentía bien. Daba miedo, como si mi cuerpo no fuera mío.

El dolor aumentaba con cada paso, y me alegré de volver a ver a mi mujer. La comida del hospital estaba intacta, mi estómago estaba demasiado apretado para comer.

La habitación era demasiado silenciosa, la televisión tenía bajita la voz, los pitidos y los zumbidos eran un recordatorio constante de la soledad que sentía por muy fuerte que quería ser. Pero miré el dibujo de las chicas, la camiseta del Granada, y sobre todo a mi mujer, y sentí el amor de mi familia.

Las oraciones de mi madre eran como una suave canción en mi cabeza, constante y cálida. La fuerza de mi mujer era un fuego que me mantenía en marcha, como cuando a una locomotora le echaban el carbón para hacerla andar. Los chistes de Migue, la sonrisa de mi hermana Silvia, los dibujos de mis hijas, todo estaba conmigo, incluso en esa habitación vacía.

Recordé mi chiste de la «antena parabólica», el vídeo de la Semana Santa, cuando le dije a Migue que tenía una antena gigante captando partidos del Granada. Se rio tanto que casi lloró. Ese recuerdo me hizo sonreír, una pequeña chispa en la soledad.

La camiseta era mi antena ahora, sintonizada con Los Cármenes, con el corazón de mi ciudad. Imaginé a Puertas corriendo por el campo, a B. Zaragoza aguantando la línea, y a la multitud rugiendo.

Así era mi Granada, luchando, siempre luchando, hasta el final, sin importar el marcador. Yo también podía luchar por mi familia, por mi ciudad y lo más importante, por mí.

Esa noche, el hospital estaba en silencio. Solo se escuchaba el zumbido de las máquinas y el tenue sonido de pasos. Miré el dibujo de las niñas, el escudo del Granada brillando en la tenue luz, en el descansar de mi mujer que sujetaba mi mano. El dolor me palpitaba. La soledad era pesada, pero el amor de mi familia era más fuerte.

Las palabras de Yolanda, «estamos contigo», se quedaron conmigo, junto con las oraciones de mi madre, la risa de Migue, la sonrisa de Silvia y el rugido de Los Cármenes.

El aislamiento era un muro, pero el amor de la familia era una ventana, dejando entrar la luz y una bendición.

Cerré los ojos, el dolor era un latido constante. Hice una promesa por los vítores de los aficionados, por la fe de mi madre, por el amor de Yolanda, por Migue y Silvia, por Puertas y Miguel Rubio, del Granada, seguiría luchando.

Este decimoprimer día fue solitario, en mi mente, pero allí estaba el amor de mi vida, acompañándome una noche más. Ella era como una chispa, un recordatorio del amor y el orgullo que me llevarían a casa a través del silencio.

12

Sombras del silencio

El duodécimo día en la habitación 623 del Hospital Virgen de las Nieves amaneció envuelto en una quietud espesa. El aislamiento ya no era solo una norma médica, se había convertido en una presencia física, una sombra que se me metía en los huesos como una niebla fría y persistente.

La primera cirugía, realizada por el Dr. Antonio Pérez Abela, había reparado mi columna rota y me había liberado de la cruel garra del halo, después de nueve días. Sin embargo, el alivio no era inmediato, por lo menos en ese momento. Ahora mi cuerpo estaba unido, apretado y extraño, sostenido por placas de metal y tornillos que mantenían mis huesos en su sitio. Un dolor profundo palpitaba en el interior, rítmico, constante, como si cada latido del corazón pasara primero por la herida.

El hospital parecía más silencioso que otros días. Los monitores pitaban a intervalos regulares, los pasos del personal se deslizaban por el pasillo, el olor punzante del antiséptico flotaba en el aire, por el personal de la limpieza. En soledad, todo sonaba más fuerte.

El aislamiento de veintiún días me mantenía lejos de mis hijas, de las manos suaves de mi madre, de cualquier contacto real. Solo quedaban las visitas breves y enmascaradas de Yolanda, de Migue y de Silvia, dependiendo del día y de la noche, ya que ellos se podían quedar a dormir, en los días restantes que me quedaban me llegaban las llamadas o los mensajes que me enviaban, según las horas del día. Sus voces eran un salvavidas distante.

Me sentía atrapado entre muros y normas, pero la camiseta del Granada C. F., colgada en la pared frente a la cama, brillaba como un faro discreto. Era mi ciudad, mi identidad, mi lucha. El amor de mi familia y ese orgullo granadino eran lo único que me empujaba a seguir resistiendo en aquella batalla silenciosa.

La mañana entró con una luz gris y apagada que apenas rozaba las paredes estériles. Me dolía el cuello. Un dolor continuo, más intenso al intentar moverme. La espalda la sentía rígida, presionada contra la cama, donde los apósitos cubrían las marcas recientes. Permanecí inmóvil, con miedo a cualquier gesto. Mis ojos recorrieron el techo blanco, inmutable, como si fuera el mapa exacto de mi confinamiento.

La enfermera entró, con el rostro oculto tras una mascarilla azul, junto a sus guantes de látex color blanco. Sus movimientos eran lentos, como si estuviera bailando un vals, mientras revisaba mi suero, los apósitos, el nivel del aire que respiraba.

—Te estás recuperando —me dijo. —El descanso es clave. Recuerda que, por el aislamiento, solo puede estar tu esposa o uno de tus hermanos, y nunca más de una persona a la vez, en caso de hacerlo, te aconsejo que cierres la puerta.

—¿Qué cierre la puerta? —le dije. Al momento, comprendí lo que quería decirme.

Sus palabras cayeron como una piedra. Veintiún días por delante sin la risa de mis hijas, sin los abrazos de mi madre.

La habitación pareció encogerse. Las paredes más frías. El silencio, más denso.

El dolor era implacable, aunque la medicación lo mantenía a raya. No era como el mordisco constante del halo. Era más profundo, más interno, alojado en los huesos. Cada respiración costaba. Cada pequeño giro que hacía me provocaba una sacudida que bajaba por el cuello como una lengua de fuego hacia la espalda.

Me mantenía rígido por miedo, lo que me dificultaba mirar a mi alrededor. Tenía miedo, incluso a pensar en moverme con libertad. Toqué los apósitos de mi frente, aún sensibles, y la inquietud me atravesó. ¿Y si la cirugía fallaba? ¿Y si aparecía una infección? ¿Y si no volvía a caminar?

Más tarde, la enfermera regresó y me ayudó a incorporarme, un poco.

—Despacio —me dijo, con las manos suaves, como el pianista que acaricia las teclas de un piano, y se fue.

Vino después, con su mirada amable tras la mascarilla, me ayudó a incorporarme.

— Despacio —me dijo de nuevo, con las manos firmes mientras yo hacía una mueca.

Las vías en el brazo me volvían torpe. Sentarme fue una pequeña agonía, pero a la vez lo noté como una pequeña victoria, porque sabía que mi cuerpo lo pedía, le hacía falta. Pensé en ese mismo momento que el cuerpo volvía a ser mío de nuevo.

—Lo estás haciendo bien —me dijo. Aunque yo no lo sentía así.

El enfermero trajo una bandeja de desayuno: pan, leche, un sobre de descafeinado, una pieza de fruta, un cuchillo y unas pequeñas porciones de mantequilla y mermelada. Segundos después volvió la enfermera con un médico para verme las incisiones de las heridas que estaban unidas con grapas. Me retiraron los apósitos que tenía, me vieron las heridas causadas por la operación, me curaron y me las volvieron a tapar. Todo estaba perfecto, me pareció escuchar a la distancia, y se marcharon, dejándome solo con el dolor y el silencio. Después, cambiarse de postura fue una batalla. Una vez que lo conseguí, comencé a desayunar, aunque apenas di unos bocados.

Poco después, un auxiliar me animó a levantarme y sentarme en el sillón antes de intentar caminar. Me sujetó del brazo. Avancé unos pasos mínimos, pero torpes, como el niño que está aprendiendo a moverse por primera vez. Llegué a la puerta y regresé. Diez pasos era como escalar una montaña.

—Buen comienzo —dijo, pero no le creí. Tenía miedo, miedo de que mi cuerpo no se recuperara, miedo de que el dolor nunca desapareciera. El sudor me empapó la frente. La respiración me rompía en dos.

Las horas pasaron entre controles, tubos, constantes vitales. El aislamiento convertía cada interacción en un trámite. Miré de nuevo la camiseta del Granada. Pensé en la firmada que tenía en casa, gracias a la Curva Sur, con las firmas de Puertas, Bryan Zaragoza, Jorge Molina. Esa camiseta era mi ciudad, mi fuerza, un recordatorio para seguir luchando, incluso cuando mi cuerpo se sentía débil. Pensé en mi broma de la «antena parabólica», captando los partidos desde el hospital. En la Semana Santa de Granada, que en esos momentos estaría recorriendo las calles.

El dolor más fuerte no estaba en la espalda, sino en el pecho. Extrañaba a mis hijas hasta tal punto que dolía físicamente. Imaginé a la pequeña dibujando un arcoíris en la mesa de la cocina, con los lápices esparcidos por el suelo. A la mayor, cuidando de su hermana, fuerte como su madre, demasiado fuerte para sus cuatro años, demasiado joven para esa carga, pero la llevaba por mí, por su hermana, por nuestra familia.

La culpa era un cuchillo, retorciéndose cada vez que pensaba en ellas. Les estaba robando su infancia, mientras yo estaba atrapado aquí sin poder abrazarlas, sin jugar con ellas o ser el padre que necesitaban.

Mi madre estaría en su casa de Granada, con el rosario entre los dedos, rezando. Yolanda sosteniéndolo todo, agotada. El silencio no era solo ausencia; era pérdida de presencia.

La culpa se retorcía en mí, era una sombra más oscura ahora que hacía que cada momento en esa habitación se sintiera como una traición a su amor.

El silencio era lo peor. El aislamiento no se trataba solo de estar solo, sino de perder el sonido de mi familia, la calidez de su presencia, ese era el miedo a olvidar todo eso.

La primera visita de Yolanda llegó a media mañana. Estaba de pie cerca de la puerta, con la mascarilla blanca, contrastando con el gris del hospital que, para mí, lo cubría todo aquel día. Traía un nuevo regalo de las niñas, un vídeo. Jugaban junto a sus tíos y primos, las veía relucientes como unas estrellas brillando en el cielo, llenando un bloc con sus dibujos.

—Están convirtiendo nuestra casa en un museo. La pequeña te dibujó unas líneas de colores. La grande dibujó una princesa —dijo con voz cálida, pero cansada. Sus ojos sonreían por encima de la mascarilla que llevaba puesta.

Abrí la libreta, con las manos temblorosas, y vi los dibujos que mis hijas me habían hecho. La mayor había dibujado a una princesa que salía de un castillo. Se me hizo un nudo en la garganta, su amor era tan intenso que dolía. No podía abrazarlas, no podía ver sus rostros, y la distancia era una herida que no se cerraba.

Yolanda se acercó, solo un instante. Su mano se posó encima de mi mano, me acariciaba, ya que la tenía hinchada por la vía y por todos los medicamentos que recibía.

—No estás solo. Te estamos animando, como en Los Cármenes —me dijo.

—Diles que estoy luchando —le dije yo.

—Ya lo saben —dijo Yolanda con una sonrisa que iluminaba la oscuridad.

Se quedó toda la tarde y pasó la noche, una de tantas, pero la casa en ese momento estaba llena de silencio.

Las niñas estaban viendo sus dibujos. Mi hija menor estaba saltando y cantando cada vez que sonaba una canción. Mi hija mayor decía los nombres de sus amiguitos.

Yolanda me dijo que mi madre había encendido otra vela en su casa. Sus oraciones eran firmes, como siempre. La imaginé caminando hacia el altar con su rosario en la mano, en las calles de Granada.

—Migue está planeando una gran fiesta para cuando salgas —dijo Yolanda, riendo suavemente. — Dice que te tienes que sentar en el centro de la mesa. —Sonreí, imaginando la sonrisa de Migue y sus bromas sobre mi «antena parabólica».

La voz de Yolanda era un fuego que calentaba la habitación fría.

Migue llamó esa noche. Su voz resonó a través del teléfono del hospital, rompiendo el silencio.

—¡Hermano, eres muy duro! ¡Sigue así, mañana nos vemos! —dijo, riendo, y pude ver su amplia sonrisa, como cuando veíamos los partidos del Granada juntos. Por un momento, la soledad se desvaneció. Sus palabras eran un puente a casa.

Más tarde recibir un mensaje de mi hermana Silvia el cual decía: «Hasta mañana, nos vemos pronto. Te llamaré por la mañana para darte fuerzas». Imaginé su dulce sonrisa, su silenciosa forma de levantarme el ánimo. Mantuve el teléfono cerca. Sus mensajes eran como un abrazo que no podía sentir, pero sabía que estaban allí.

El doctor Pérez Abela pasó a última hora. —La columna está estable —dijo, enseñándome la radiografía—. Necesitas descanso y movimiento progresivo. Te quiero ver andando por el pasillo, pero sin maratones, que te conozco. No vayas a correr ahora una maratón —me dijo.

Le pregunté sobre el dolor y las sacudidas que tenía al moverme, y me respondió:

—Es normal todo eso ahora, vienes de una operación muy grande, y bastante que tienes suficientes fuerzas para aguantar todo esto —dijo con voz amable... Sus palabras fueron una chispa, pero el silencio las atenuó.

Le di las gracias con voz débil, y él asintió, con la mano en mi hombro, antes de irse.

Me asaltó un recuerdo, vívido como una noche de verano. Antes del hospital, el estadio estaba electrizante, la multitud gritaba «¡Gra-na-da!». Yo llevaba mi bufanda, ondeándola como una bandera, riendo. Cuando Puertas marcó, mi alegría estaba perdida entre los gritos de la multitud. La camiseta en la pared era esa noche, ese amor, animándome a luchar.

Me palpitaba toda la espalda. Los apósitos se me clavaban en la piel. Las heridas me picaban.

La enfermera regresó, comprobó mi temperatura.

—Intenta moverte más. Te ayuda a la columna —dijo con voz firme. Asentí, pero moverme me daba miedo. Cada paso era un riesgo. —Tus músculos necesitan despertar —dijo, sujetándome el brazo.

Los apósitos me dificultaban cada movimiento y mi espalda protestaba. Logré hacer algunos ejercicios, con el sudor goteando y la respiración entrecortada.

—Bien —me dijo, pero parecía imposible. Tenía miedo de que mi columna no aguantara. Tuvo paciencia, enseñándome a sentarme más erguido y a respirar a pesar del dolor. —Eres más fuerte de lo que crees —dijo, y miré la camiseta del Granada, que me recordaba que debía luchar.

Cuando la habitación volvió a quedarse en silencio, miré la camiseta del Granada nuevamente. Pensé en Los Cármenes, en los gritos, en los abrazos, en la familia.

El duodécimo día terminó sin alivio físico, pero con algo más firme asentándose dentro: la certeza de que, incluso en el silencio más oscuro, no estaba solo. Y que esa certeza, frágil, pero constante, era suficiente para seguir un día más.

13

Ecos de casa

El decimotercer día en el Hospital Virgen de las Nieves fue una tormenta silenciosa. El silencio del aislamiento ahora era un peso familiar, cada vez más pesado a medida que pasaban los días. Habían pasado tres días desde la primera cirugía del Dr. Antonio Pérez Abela, que me liberó de la cruel garra del halo después de diez días de tormento. Pero me sentía en una nueva jaula, apretado e inflexible, sujetando mi columna donde placas de metal fusionaban mis huesos con otros huesos que no pertenecían a mi cuerpo. El dolor era un compañero constante, como el compañero que te toca a tu lado en cualquier viaje que no para de hablar. Era profundo y palpitante, pero había señales de progreso: pequeños pasos, menos temblorosos, aunque cada movimiento todavía encendía fuego en mi cabeza.

Los sonidos del hospital (monitores que pitaban, pasos apagados, el intenso olor a antiséptico) se mezclaban con el silencio, un recordatorio del aislamiento de veinte días que todavía me quedaban alejado de mis hijas, de las suaves oraciones de mi madre y de todas las visitas enmascaradas de Yolanda, Migue y Silvia.

Migue y Silvia me llamaban y me mandaban mensajes, al igual que recibía sus visitas durante la tarde y alguna noche que otra se quedaban conmigo en la habitación, eso sí, solo una persona dentro de la habitación. Sus voces eran débiles, como hilos de salvación que rasgaban el silencio. Sentí la soledad como una marea que me arrastraba, pero la camiseta del Granada C. F. en mi pared era como un faro que iluminaba esos momentos de soledad que tenía en esa habitación tan grande, pero a la vez tan pequeña. Era mi ciudad, mi lucha, mi propia guerra interna, el amor de mi familia susurrándome que podía soportarlo todo por ellos.

Los ecos del hogar. La luz de la mañana se filtraba por la ventana, pálida y gris, proyectando largas sombras sobre la habitación estéril. Me dolía todo el cuerpo, era como si llevara un corsé. Se me clavaba en la piel donde los apósitos aún cubrían las marcas de los tornillos del halo, ahora costrosas, pero sensibles. Recorrí todas las líneas del techo: blancas, un mapa de mi confinamiento. La enfermera entró, con el rostro tras una mascarilla, y revisó mi suero, los apósitos y los monitores de la medicación con la rapidez de una experta.

—Ahora vengo a cambiarte el suero y a darte la medicación —me dijo, con voz tranquila, pero distante, mientras mi mujer estaba en el baño. —Sigue intentando moverte. Te está ayudando.

Sus palabras fueron una pequeña chispa, pero las normas de aislamiento (no se permiten visitas, excepto Yolanda, Migue y Silvia) las hicieron sentir vacías. El silencio era más denso ahora. Una densa niebla que se instaló en mi pecho, recordándome los días sin la risa de mis hijas ni el cálido toque de mi madre. El dolor era implacable, aunque diferente al de los primeros días. Las punzadas del halo habían desaparecido, reemplazadas por un profundo dolor en la columna, donde las placas metálicas me sujetaban. Cada respiración aliviaba el dolor, cada pequeño giro me enviaba una descarga eléctrica por el cuello hasta el último dedo de mi pie. Era como si tuviera una presión constantemente.

Me costaba tragar o comer, incluso mirar a mi alrededor. Me toqué los apósitos de la frente, que me picaban por el aire seco del hospital, y sentí una punzada de miedo. ¿Y si la curación se estancaba? ¿Y si mi columna cedía?

La enfermera vino al poco tiempo, con su mirada amable tras la mascarilla, y me ayudó a incorporarme. Me quitó los apósitos que tenía de aquel recuerdo que todavía me quedaba del halo. Una vez curadas mis heridas, me ayudó a sentarme en el sillón y me dijo:

—Despacio y con calma.

Me ayudaba con las manos firmes mientras yo hacía una mueca, pues me daba miedo cualquier golpe que me pudiera dar, incluso el poder marearme.

Incorporarme fue una batalla. La columna me gritaba y el cuerpo me pesaba.

—Te estás poniendo más fuerte —me dijo, pero no parecía cierto.

Después, un auxiliar me trajo el desayuno —una taza de leche, azúcar, café descafeinado, pan, mantequilla, mermelada y una pieza de fruta—, pero tenía la garganta cerrada, no tenía apenas ganas de comer. Pensándolo ahora, sería por la situación.

Revisaron mis incisiones, con manos rápidas, pero cuidadosas, con el rostro oculto me curaron mis heridas.

La fisioterapia era un suplicio diario. Yolanda, la terapeuta, llegó a media mañana, con voz suave tras la mascarilla y radiante como era ella siempre.

—Intentemos un poco más hoy, cariño —me dijo, guiándome con el andador hacía el límite del pasillo. Después hicimos elevaciones de hombros y giros lentos de cabeza. Cada movimiento era una lucha contra el dolor. El dolor hacía que cada movimiento fuera torpe. Mi cuello protestaba con punzadas agudas; mi columna hacía lo mismo. Logré hacer algunos ejercicios. El sudor goteaba por mi espalda y mi respiración estaba entrecortada. —Estás mejorando, cariño —me dijo Yolanda, pero parecía mentira.

Tenía miedo de que mi cuerpo no se recuperara del todo, de quedar atrapado en esta debilidad. Me enseñó a sentarme más erguido, a respirar a pesar del dolor. Su paciencia era un ancla silenciosa.

—Eres más fuerte de lo que crees —me dijo, y miré la camiseta del Granada, recordándome su lucha en el campo, animándome a seguir adelante.

El peso emocional era aplastante, más pesado ahora que en los últimos días del aislamiento. Extrañaba a mis hijas; su ausencia era un dolor constante. Mi hija menor probablemente estaba en el cole, dibujando con otros compañeros, cantando o aprendiendo cosas nuevas. Mientras trabajaba, sus risas resonaban en mi mente. Podía verla en la mesa del colegio, con sus pinturas esparcidas, sus pequeñas manos llenas de amor marcando su pequeña mano en un folio de papel. Mi hija mayor, con su sonrisa, probablemente estaba en el colegio dejando atrás esos recuerdos que pudiera tener, sin su padre estar a su lado, siendo fuerte, ocultando sus propios miedos, pero solo tenía cuatro años, era demasiado joven para esa carga.

La culpa me desgarraba. Extrañaba sus días, sus risas, sus vidas. Mi madre estaría con sus compras, en la peluquería o simplemente estaría rezando en casa, con el rosario en sus manos temblorosas, rezando por un hijo que en ese momento no podía ver. La imaginé sentada en su sillón, enfrente de la ventana, mirando el bloque que tenía delante, con su fe inquebrantable. Era como una luz que yo no podía alcanzar.

Yolanda los mantenía unidos. Su fuerza era una roca, pero sabía que estaba agotada, cargando con nuestra familia sola.

El silencio amplificó la culpa, haciendo de cada pensamiento una herida; de cada momento, un recordatorio de mi ausencia.

La visita de Yolanda llegó por la tarde después de descansar un poco en la casa; era entrar ella y la habitación brillaba como una llama en una habitación gris. Traía un nuevo regalo de las niñas: una pequeña grabación de mi hija pequeña me dijo con voz cálida, pero cansada, y los ojos sonriendo por encima de la mascarilla. Se me hizo un nudo en la garganta; su amor era tan intenso que me dolía. No podía abrazarlas, no podía verles la cara, y la distancia era un puñal en el pecho.

Yolanda se acercó. Su mano estaba cerca de la mía, y sentí el calor que desprendían.

—Eres mi héroe. Todos estamos contigo —me dijo con voz feroz. Yo asentí, sin voz, le dije, con esperanza, que les dijera que estaba luchando.

—Ya lo saben —me respondió ella con una sonrisa que iluminaba el silencio.

Se quedó llenando el silencio con historias de nuestro hogar.

Las niñas estaban convirtiendo la casa de sus tíos en un museo de arte. Ahora les tocaba a ellos su propio museo, pensé para mí mismo. Mi madre había encendido otra vela en casa. Sus oraciones eran firmes como el latido del corazón granadino. Migue está planeando una fiesta de la victoria. Sonreí, imaginando la sonrisa de Migue, sus chistes de «antena parabólica» y de la Semana Santa. Su voz calentó la fría habitación.

Había tenido una pequeña victoria. Ese día fue un trabajo pesado: el silencio más denso, el dolor constante, pero menos agudo. La luz de la mañana fue gris y la habitación fría. Me dolía todo el cuerpo. Tenía la piel en carne viva de tanto rascarme y los apósitos me picaban. Un auxiliar llegó y me animó a caminar.

—Te estás estabilizando —me dijo, sujetándome del brazo mientras me acercaba a la ventana, arrastrando.

Logré avanzar hasta el marco de la puerta del pasillo principal, donde limitaban los pasillos par e impar. Fue una pequeña victoria, pero el dolor se intensificó, era normal para mí, después de todas las operaciones que he tenido, esta era especial.

—Progreso —me dijo el auxiliar, con los ojos brillantes tras la mascarilla. Supongo que estaría igual de emocionado que yo. Quería creerle, pero el silencio lo dificultaba todo.

La fisioterapia con mi mujer fue agotadora.

—Vamos a esforzarnos un poco —dijo, guiándome con los giros de hombros y las inclinaciones de cabeza.

Cada movimiento era una lucha. El dolor era agudo, pero soportable. Era una cosa más que podía soportar. Logré hacer más repeticiones, mis músculos se activaron y el sudor empapaba mi bata.

—Eres más fuerte —me dijo mi mujer y, por primera vez, sentí un destello de verdad en sus palabras.

Miré la camiseta del Granada, me recordaban a la velocidad de Puertas, la fuerza de Uzuni, la determinación de Soldado. Ellos lucharon, y yo también podía.

El desgaste emocional y mental era implacable. La ausencia de mis hijas era una herida constante. Mi hija menor, probablemente, estaba descansando, pero su risa estaba resonando en mi mente. Mi hija mayor se mostraba fuerte, pero solo era una niña que estaba alejada de sus padres cada noche.

La culpa era una sombra: extrañaba sus vidas. Las oraciones de mi madre eran un canto al cielo lejano. La fuerza de Yolanda era mi ancla: la luz que me iluminaba el camino cuando yo me perdía, pero sabía que estaba cansada. El silencio acentuaba cada miedo, cada duda.

La segunda visita de Yolanda era como una luz que cada día venía a verme, pero esa tarde-noche era diferente, ya que esa luz era más especial. Habló de las últimas travesuras de las niñas, de sus juegos entre ellas y de la preocupación de su primo por alguna que otra comida. Mi madre había vuelto a la iglesia con la vela encendida. Migue me mandó un mensaje que decía que era más fuerte que una roca.

Sus palabras rompieron el silencio de aquella habitación, que hasta en ese momento la sentía vacía. Migue me llamó con voz potente:

—Hermano, ¿cómo estás? —dijo, riendo. —¡Las chicas están planeando cuándo pueden ir a verte!

Sonreí; el dolor me azotaba, pero valió la pena. Silvia envió un mensaje cuando llegó a casa, ya que esa tarde se quedó ella conmigo: «Un día menos». Su amor silencioso me animó.

Vi una chispa de esperanza en ese mensaje, pero el peso emocional seguía ahí. La esperanza ardía. La mano de Yolanda sobre la mía lo cambiaba todo. Era ese momento, ese amor era el que me impulsaba hacia adelante, pero cayó la noche. Otra noche durmiendo en ese sillón azul incómodo a más no poder, pero sabiendo todo lo que podemos hacer por amor. Esa noche era una más de las más largas de los últimos días, lo que no sabía era que me quedaban muchas noches así de largas, incluso podrían ser peores.

14

Dentro del círculo

Desde la primera operación no había salido del hospital. No hubo regreso a casa ni globos ni pancartas torcidas dibujadas por mis hijas. La habitación 623 se había convertido en mi único territorio, casi en una extensión de mi propia casa. Cada hora transcurría con el cuerpo atado a la cama, vigilado por máquinas, rodeado de miradas expertas que oscilaban entre la compasión y la prudencia. Vivía suspendido en un espacio donde todo giraba en torno a resistir.

La segunda operación flotaba en el ambiente como una sombra persistente. Nadie la nombraba con claridad, como si decirla en voz alta pudiera hacerla más real, más peligrosa. Yo sabía que existía. Siempre lo supe. Era un horizonte borroso que marcaba el límite de mis pensamientos, un peso constante en el pecho, como respirar dentro de una caja de cristal empañada por el miedo.

Los días se sucedían sin diferencias. Amaneceres filtrados por una ventana que nunca terminaba de abrirse del todo, luces fluorescentes medio encendidas, visitas breves de enfermeros y auxiliares que entraban con pasos suaves y mascarillas bien ajustadas. El tiempo había perdido su forma. Solo los cambios de turno y el sonido del gotero me recordaban que las horas seguían avanzando.

El dolor empezó a crecer semanas después de la primera cirugía. Al principio lo llamaron como una recuperación normal.

Después, que era una contractura. Pero yo sabía que no era eso. No era el mismo dolor. Era más profundo, más cruel, más injusto.

El doctor Pérez Abela fue quien lo dijo sin rodeos. Entró una mañana sin bata, con ese gesto que tienen los cirujanos cuando vienen a decir la verdad sin bisturí.

—Tenemos que hacer nuevas pruebas. Habrá una segunda operación. La columna aún no está tan estable como nosotros queremos.

A partir de ahí llegaron los exámenes, las resonancias, los escáneres, los TAC, las placas. Las respuestas caían a cuentagotas. Hasta que una mañana gris —de esas que no terminan de romper en lluvia— llegó la confirmación.

El doctor entró directo, sin rodeos.

—Necesitamos una segunda operación.

Silencio. No hubo rabia ni lágrimas. Solo el eco seco de la palabra «segunda».

—¿Por qué? —le pregunté.

—Hay que fijar la columna. El riesgo es alto. Si no intervenimos ahora, podrías perder movilidad parcial o completa.

Ahí sentí el abismo abrirse bajo mis pies.

La preparación fue similar a la primera vez. Sin sorpresa. Ya sabía todo, las pruebas de sangre, la vía, como sería la anestesia, la espera antes del quirófano, la charla con el anestesista. Y precisamente por saberlo, dolía más.

El día de antes, Silvia vino a verme como cada día. Me trajo algo pequeño, casi infantil: unas chucherías de las que siempre me habían gustado: los dientes de goma. Sonreí.

Me dio por recordar una frase que me dijo mi padre, ya fallecido: «Hijo, eres como los árboles que se doblan con el viento, pero no sé rompen por mucho que lo intenten, saldrás más fuerte». Lloré con vergüenza, con rabia, con amor, al recordar ese momento.

A la mañana siguiente me ayudó a ducharme mí mujer, me vistieron con la bata celeste y me trasladaron directamente desde la habitación al quirófano. Las luces del pasillo pasaban sobre mi cabeza como estrellas rápidas en una noche de verano. Antes de entrar, vi a Yolanda abajo, ya que ella bajó antes, junto a Migue y a Silvia. Me despedí como si no fuera a verlos más. Dentro me esperaba el doctor Pérez Abela con todo su equipo. Me explicó con calma por dónde entrarían, qué iban a hacer. Para romper la tensión, bromeé:

—Ya que estamos, ¿me puede quitar esta verruga que me molesta?

Él sonrió.

—De acuerdo. Lo anoto. Hay que recordar que esta verruga hay que quitarla.

Me conectaron a los monitores. El quirófano estaba frío, pero una luz potente lo llenó de calor artificial. Me hablaron con suavidad. Me pidieron que pensara en algo bonito y que contara hacia atrás desde diez. No llegué ni al ocho. La anestesia entró por el brazo como un abrazo lento y helado. Sentí que me hundía. Sentía cómo me ahogaba, era como si me estuviera muriendo lentamente. Antes de dormirme, recordé a Yolanda susurrándome en el oído: «Te espero al otro lado. No tardes. Te amo»,

y llegó la oscuridad.

El despertar fue confuso. El techo parecía moverse. El dolor era inmenso. Había un peso nuevo en la espalda, una cicatriz más, un cansancio sin nombre. Lloré sin saber por qué. No reconocía mi propio cuerpo.

—Lo primero que me ha preguntado es si le hemos quitado la verruga, esa era su preocupación. Nosotros nos quedamos sorprendidos de que después de todo lo que le hemos hecho solo le preocupara eso. Todo ha salido bien, tranquilos. La vértebra está estabilizada y fijada. Ahora sí estamos donde queríamos— le dijo el doctor Pérez Abela a mí familia, que estaba fuera.

Recuerdo como si fuera ayer cuando llegué a la UCI. Tenía varios enfermeros al lado controlando los monitores de las pulsaciones, las vías de sangre, la medicación y la anestesia. El doctor se acercó y me dijo que todo había salido muy bien, que ya había pasado todo y que también tenía la verruga quitada, como yo quería. Yo no lo escuchaba. Sentí el verdadero miedo entrando por mí cuerpo. No podía mover las piernas. El pánico me atravesó. Por más que lo intentaba no podía. Intenté hablar, llamar, gritar. No podía. Hasta que algo dentro de mí empujó con fuerza y conseguí hacerlo. Lo llamé Antonio. Él apareció.

Me preguntó qué me pasaba mientras me cogía la mano. Yo le dije que no podía mover las piernas. Él me pidió calma. Aseguró que todo había ido bien. Yo me negué, sentía que no podía en absoluto y noté cómo los sudores me corrían por la frente, las lágrimas por el rostro, y ahí lo vi preocupado.

—No puede ser, cálmate. Todo ha salido bien. Mi equipo estaba en todo momento haciéndote pruebas y todo ha salido mejor de lo que esperábamos— me dijo, pero yo no quería aceptar eso. No podía mover las piernas. Yo no le creía.

Él me miró con una mezcla de profesionalismo y preocupación contenida. Me dijo algo que no entendí por los nervios, y entonces, sin previo aviso, me pellizcó el muslo derecho. Lo sentí, vaya si lo sentí. No fue dolor. Fue vida.

—Eso es todo lo que necesitaba saber —dijo, y se fue tan tranquilo.

Pasé tres días completos en la UCI. No dormía. Apenas podía conciliar el sueño en medio de las luces y las máquinas. Cada pitido era una alarma que podía significar el fin o un simple ajuste. Las enfermeras hablaban en susurros. Una me cantaba bajito. Otra me decía que tenía buena cara, aunque sabía que mentía.

El dolor no era constante, pero tampoco ausente. Aparecía como un huésped que no avisa. Se sentaba en el pecho o en la espalda y me recordaba que mi cuerpo ya no era mío.

Los calmantes me llevaban a lugares extraños. A veces creía haber salido. Pero siempre despertaba en la misma habitación blanca, con la persiana a medio subir y un reloj que parecía girar más despacio que el mundo.

Las visitas eran breves, aunque vitales. Yolanda llegaba tanto por las mañanas como por las tardes con su mochila colgada en la espalda. Era como una liberación cuando la veía entrar por la puerta del cuarto que tenía como habitación de tres paredes. Hablaba de las niñas, del clima, del gato, que no dejaba de maullar. Me acariciaba la mano con cuidado, como si tuviera miedo de hacerme daño, a veces en silencio, y se iba con una promesa que repetía como una oración.

—Todo va a ir bien. Tú recupérate pronto. Te amo. —No siempre la creía. No me refería al «te amo», sino al recuperarme pronto, pero necesitaba oírlo.

Migue venía casi todas las tardes junto a mi hermana Silvia. El poco tiempo que dejaban entrar por las tardes se lo repartían como podían. Migue me hablaba como si el fútbol pudiera distraerme del miedo. Yo le seguía el juego. Hacíamos bromas, pero cuando se iba dejaba una ausencia densa, como el humo que no se disipaba.

Cuando entraba Silvia me daba un beso donde podía en la cara, ya que había tubos por todos lados: el respirador en la nariz en forma de mascarilla, la vía cogida a la arteria del cuello, pero ella, con todo el cariño y el amor del mundo, me lo daba con cuidado.

Fue durante una madrugada sin sueño cuando lo sentí. Algo se estaba moviendo dentro. No físicamente, sino en mí. Una aceptación lenta, como si mi cuerpo hubiera dejado de pelear para empezar a escuchar. Empecé a mirar a los demás pacientes. Algunos eran ancianos, otros más jóvenes que yo y con cosas peores. Allí había de todo, desde accidentes de tráfico. Operaciones de gente mayor. Gente en coma. Sus rostros hablaban de resignación, esperanza o rabia. Y entendí que yo era uno más en esa fila invisible en esa sala de espera llamada destino.

Una de las noches desperté sin saber si estaba vivo o en un limbo de anestesia. No sentía las piernas. Era como si el cuerpo se cortara a la altura de la cintura. Entré en pánico. Intenté mover los dedos de los pies y gritar. Nada. Era repetir mis pesadillas. Un sueño del que nunca me despertaba por mucho que quisiera hacerlo, pero no sé lo que pasó que recordé aquel pellizco, que recordaré para toda la vida. Ahí me di cuenta de que todo era un sueño, menos donde estaba, que eso no era un sueño, era real.

Cuando volví a planta a los tres días, ya no era el mismo, ni en cuerpo ni en espíritu. Las visitas volvieron, más esperanzadas.

Yolanda lloró al escucharme decir «sí» sin forzar el aire. Migue me trajo una radio. Silvia me trajo un cuaderno de sudoku, con lo que a mí me gustan esa clase de libros. Yo empecé a rellenar casillas como quien intenta ordenar el caos, pero no eran simplemente esos números, era una necesidad. Rellenaba las páginas como si respirara a través de ellas. Dar nombre a lo que no entendía. A veces solo me apetecía hacer un juego, otras veces eran páginas de cuadros enteros. Otras solo me quedaban mirando y me hacía preguntas a mí mismo que no esperaba responder.

Los días eran largos. Las esperas a las visitas eternas. El dolor seguía, pero ahora había algo más, un hilo delgado que conectaba mis mañanas. Un propósito. Una promesa íntima. Si salgo de aquí, no volveré a ser quien era. Y si no, al menos habré entendido por qué duele tanto vivir.

15

Las estaciones del cuerpo

Apenas había vuelto a planta, pero el hospital seguía siendo un universo cerrado donde el tiempo perdía sus referencias. Estaba de nuevo en mi habitación, esa caja de paredes pálidas que ya conocía de memoria, con los mismos tubos, los mismos zumbidos y el reloj sin prisa. Pero algo había cambiado. Ya no era el hombre que entró por primera vez con el miedo prendido a los huesos. Ahora era otro, alguien que había atravesado una segunda operación. Tres días en la UCI, y había regresado con el alma en carne viva, pero respirando. Y supe que ese capítulo, largo y lleno de cicatrices, se cerraba.

Otro comenzaba. Pero ya no era el mismo. Era uno que había conocido el abismo y había vuelto. Un superviviente. Un cuerpo en tránsito. Una historia aún sin final.

El cambio se notó desde el primer momento. El ruido constante de las urgencias quedó atrás. Ya no había pitidos insistentes ni carreras en los pasillos. El ambiente era distinto, más lento, más humano, orientado no a salvar vidas en el último segundo, sino a reconstruirlas con paciencia.

Cada habitación era similar a la mía: paredes claras, mobiliario sencillo y una ventana amplia por la que el sol entraba sin pedir permiso. Los pasillos eran silenciosos, según la hora, se llenaban de cuerpos avanzando con esfuerzo, pero con dirección. Nadie corría. Nadie gritaba. Allí cada paso tenía un sentido.

Seguía en mi habitación individual, y sentí, por primera vez en semanas, sentí una intimidad. El hombre que me devolvía la mirada estaba más delgado, más pálido, con los rasgos afilados y los ojos hundidos, pero también había algo nuevo en ellos, le volvió el brillo, una atención distinta, una presencia más despierta. Era como decir «estoy aquí».

Los días siguientes fueron intensos, marcados por rutinas que dolían, pero también curaban. Las mañanas comenzaban temprano, con el cuerpo aún rígido, el dolor latente y la sensación de estar siempre empezando de nuevo. Cada sesión de fisioterapia con mi mujer o con mis hermanos me exigía a mí mismo concentración, paciencia y una voluntad que a veces flaqueaba. Mis músculos respondían con torpeza, como si no me reconocieran. El sudor aparecía rápido. El cansancio también. Pero tenía que luchar para seguir hacia delante, no quedaba otra. Siempre con la eterna lucha, como la que tengo tatuada en mi brazo izquierdo.

Aprendí de nuevo gestos mínimos: vestirme solo con el pantalón y la camisa del hospital, que se convertían una y otra vez en pijama; colocarme los zapatos sin perder el equilibrio; subir un par de escalones agarrado a la barandilla; usar el ascensor con independencia cuando me permitían bajar a la calle a tomar el aire, siempre con la justificación, aquella que tenía para poder bajar, como cuando bajé a por la camiseta del Granada firmada. Lo que antes era automático ahora requería atención plena. Cada logro y cada paso, por pequeño que fuera, incluso ir al baño solo, se celebraba en silencio como una victoria íntima. Siempre he dicho que esta victoria es mi *Champions League* personal, qué mejor victoria que esa.

—Reaprender es también crecer —me decían las enfermeras.

Yo repetía esa frase como un mantra. Aprendí a escuchar a los demás pacientes, a no comparar dolores ni avances. Algunos se convirtieron en compañeros de pasillo, siempre preguntándonos cómo íbamos; otros solo nos intercambiábamos miradas cómplices, eran silenciosos ejemplos de perseverancia, personas que enseñaban sin decir una palabra.

A veces lloraba a solas, en la habitación, cuando el cuerpo no daba más. Otras veces lloraba con ellos, con mi gente, sin vergüenza. Y en ocasiones bastaba solo con una mirada para entendernos sin necesidad de hablar.

Una mañana llegó la revisión final con el equipo médico. Me dijeron que todo está bien, que todas las pruebas habían salido perfectas, y que, si todo seguía igual durante la semana siguiente, podría volver a casa. No a la vida de antes, pero sí a mi vida. A mis hijas, a mi mujer y, sobre todo, a ver a mi madre de nuevo, a tocarla, a besarla y a abrazarla.

La última semana fue la más larga de todas. Cada día era una cuenta atrás silenciosa. Parecía que no pasara el tiempo ni los días. Repasaba mentalmente las instrucciones, el manejo del dolor, los horarios de los medicamentos, los ejercicios que tendría que hacer en casa. El futuro empezaba a tomar forma, pero aún imponía respeto.

Dos días antes del alta, el doctor Pérez Abela vino a visitarme por última vez. Habíamos compartido silencios, decisiones difíciles y madrugadas cargadas de incertidumbre. Aquella mañana entró sin bata, con ropa de calle, como si cruzara una frontera invisible. Se sentó al borde de la cama y me preguntó por mis avances, por el dolor, por cómo me sentía realmente.

Durante un momento nos quedamos en silencio.

—¿Sabes qué es lo más difícil de nuestro trabajo? —preguntó. Yo negué con la cabeza. —Aprender a soltar a nuestros pacientes. A veces ganamos. A veces perdemos. Pero cada uno de ustedes se nos queda dentro. Y algunos, como tú, más de lo que imaginas.

Me emocioné. No pude responder. Él se levantó y sonrió con picardía.

—Por cierto, no pienses que esa pierna que moviste fue por ti. Fue porque tengo una mano milagrosa —dijo, levantándola como si bendijera algo.

Reímos los dos. Fue la primera risa auténtica desde la operación.

—Si es así, deberías patentarla —le dije yo.

—Ya lo intenté —respondió él.

Ese momento quedó grabado en mí. Hablamos un poco más mientras miraba la camiseta del Granada que estaba colgada en la pared de mi habitación. Me preguntó si iban a ascender. Yo le respondí que por supuesto que sí, pero su mirada lo decía todo.

Me preguntó cómo me sentía, me felicitó por la constancia y, antes de irse, me propuso tomarnos una foto juntos.

—Para que recuerdes de dónde saliste —dijo. Nos tomamos la foto juntos, él con su mano en mi hombro, yo pasando mi brazo por su cintura, pero de pie. La imagen quedó grabada no solo en la cámara, sino en mi memoria.

Dos personas unidas por la lucha, el respeto y la humanidad. Le di la mano, por no abrazarlo, aunque tenía ganas, para darle las gracias. No con fuerza, pero sí con gratitud. Me prometió que seguiría mi evolución y salió con una sonrisa de esas que se quedan grabadas para siempre.

El gran día llegó. El alta médica. Firmé los papeles con una mano que ya no temblaba. Me despedí de los enfermos que todavía estaban allí, esos que eran compañeros de pasillo y de miradas. Recibí abrazos sinceros de los profesionales que me acompañaron durante semanas. Y salí, por fin, por la puerta que tantas veces había imaginado, caminando despacio con el andador que tenía recetado, acompañado por Yolanda, y con el corazón desbordado.

El aire fuera del hospital tenía otro peso. Otro olor. Otra vida. Podía oler las rosas que estaban abiertas, como el niño que descubre los olores por primera vez. Me subí al coche con ayuda de mi mujer, me senté y respiré hondo. Me giré, miré el hospital y cerré los ojos.

—Gracias por devolverme —susurré.

Cerré los ojos nuevamente mientras nos íbamos y respiré profundo, no me creía lo que estaba pasando después de treinta y tres días en la habitación de un hospital, diez de ellos con un halo en la cabeza, poniéndome pesas de dos kilos cada día.

El trayecto fue silencioso. Dejaba atrás luces frías y rutinas, pero no el aprendizaje.

Llegué a casa. Mis hijas no estaban porque seguían en la casa de mi cuñado Evaristo y de Rosa. Yo estaba deseando verlas. Cuando entraron por la puerta las dos gritaron «¡papá!» al unísono, el tiempo se detuvo. A mí se me saltaron las lágrimas y creo recordar que a mi mujer también. Lloramos todos. Me senté en mi sillón como pude, en ese rincón de la casa que parecía adaptado para mí. Miré a mi alrededor. Todo era igual, pero yo era otro.

Cada día comenzaba como si fuera una rutina que se convertía en una especie de rito personal. Abrir los ojos, mover lentamente los dedos de los pies para comprobar que seguían ahí, observar cómo la luz cambiaba sobre la pared mientras el sol se deslizaba por la ventana, ya era una rutina que hacía en el hospital y volví a casa con ella.

La rehabilitación se intensificó. Yolanda, mi mujer, era mi fisioterapeuta personal. Me llenaba con una energía que al principio me desconcertaba. Me hablaba como si yo pudiera levantarme en ese mismo instante, como si no existiera límite alguno entre lo imposible y lo real. Al principio pensé que exageraba. Luego entendí que su confianza era contagiosa. Ella no necesitaba convencerme con palabras, lo hacía con sus gestos, con su presencia, con la forma en la que me trataba cada músculo de mi cuerpo, como si tuviera la capacidad de florecer de nuevo.

Las noches traían dolor y preguntas. Pero también aprendí a escuchar a mi cuerpo, a no forzarlo, a aceptar la pausa. El dolor volvía. Aparecían como un visitante que no llamaba antes de llegar. Los pensamientos se agolpaban, y las dudas también. Me preguntaba si volvería a caminar con soltura. Si pudiera sostener a mis hijas. Si volviese a hacer el amor sin miedo a romperme. Si tuviese la fuerza de ser de nuevo el que acompañaba, en lugar del que es acompañado.

Aprendí a escuchar mi cuerpo sin juzgarlo, a agradecer cada pequeño gesto, a no pelear con el cansancio, a nombrar los miedos y a aceptar que la vida también se vive en pausa.

Una mañana me miré en el espejo de casa y vi, entre el cansancio, una chispa intacta. Por primera vez en semanas me miré de frente. Tenía el rostro hundido, las ojeras marcadas y el cabello revuelto, pero también tenía una chispa en los ojos, y supe que no me había perdido, que seguía ahí.

Me emocioné. No dije nada. No podía. Solo asentí y me prometí que no lo olvidaría.

Un día decidí escribirle un mensaje al doctor Pérez Abela. No lo terminé. Me detuve en la mitad, como si las palabras necesitaran encontrar su forma antes de continuar. Quise contarle cómo aquel pellizco en la UCI fue más que una prueba neurológica. Fue una señal. Una especie de renacimiento. No encontraba el tono justo. Lo guardé. Tal vez algún día lo termine, como lo que estoy a punto de hacer en las líneas que me quedan.

Los días pasaban. El cuerpo respondía con lentitud, pero respondía. Ya podía dar varios pasos sin ayuda, aunque me apoyaba en la pared de casa cada vez que iba al baño. Comencé a subir y a bajar escalones en casa como si estuviera en un gimnasio propio. Comencé a recuperar el equilibrio, a manejar el miedo. Porque sí, el miedo seguía ahí. No tenía miedo al dolor, sino a recaer, a retroceder, a perder lo ganado.

Una noche nos abrazamos mi mujer y yo. Me hacía mucha falta ese abrazo, fue un abrazo largo. Lloramos. Y comprendí que ella también estaba haciendo su propio camino paralelo al mío, pero igual de doloroso y valiente. A la mañana siguiente, mi mujer me dijo:

—¿Preparado para tu primer paseo fuera de casa?

Me costó unos segundos reaccionar. Asentí. Me ayudó a cambiarme, a colocarme unas zapatillas, como hacía siempre. Salimos, bajamos esos diez escalones que tiene la entrada de mi casa y cruzamos la acera. Pasé junto a personas que no sabían nada de mí, y, sin embargo, cada paso con el andador era una conquista.

Fuera el aire era distinto. Tenía un sabor limpio. Podría oler de nuevo las rosas que tengo cerca de casa. Las hojas de los árboles bailaban en su lenguaje secreto. Vi a niños corriendo, a una pareja en silencio, a un perro tumbado junto a su dueño. Todo parecía un milagro. Yo solo respiraba. No decía nada. Solo vivía.

De regreso a casa sentí que algo se me había desbloqueado dentro. Como si el cuerpo recordara que el mundo seguía ahí, esperándome. Aquella noche soñé con una playa. Caminaba por la orilla, dejando huellas firmes en la arena. No eran grandes ni rápidas, pero eran mías, y permanecían allí, marcando el camino recorrido por la orilla de la playa.

16

El regreso

La puerta de casa se abrió despacio. Yolanda entró primero, con las llaves aún en la mano, y luego se apartó para dejarme espacio. No hubo flores ni aplausos ni celebraciones improvisadas. Solo silencio. Un silencio espeso, cargado de memoria.

Apoyado con un andador, con el cuerpo todavía agotado por la estancia en el hospital —días que, para mí, habían sido meses— crucé el umbral de la puerta como si pisara un territorio desconocido, como cuando cambias de país. Di los primeros pasos dentro de mi propia casa con la cautela de quien vuelve a un lugar que ya no le pertenece del todo.

La luz del pasillo era más cálida de lo que recordaba. El aire conservaba un olor familiar, madera vieja de la mesa, café reciente y un rastro dulce de perfume que identifiqué enseguida como el de mi mujer. En la entrada había una fotografía nuestra colgaba, ligeramente torcida, quizá por una corriente, quizá por el paso del tiempo, ese que había seguido avanzando sin mí, y me puse a ponerla derecha, es costumbre, no puedo ver nada que esté colgado y que esté torcido, es superior a mí.

Yolanda se giró y me observó en silencio, como quien no quiere apresurar un momento que costó demasiado conseguir.

—¿Quieres sentarte? —me preguntó, señalando el sofá, mientras ella se iba directa a la cocina a preparar la leche.

Negué suavemente con la cabeza. Aún no. Necesitaba mirar. Quería ver todo aquello que por la ventana de la habitación del hospital no tenía. Sentir. Volver a aprender.

Avancé despacio por el pasillo. Cada paso era una pequeña conquista. La casa era la misma, pero yo no. Las sillas, el cuadro del salón, las fotografías de mis hijas en la pared… todo parecía esperarme desde otra dimensión. Me detuve frente a la estantería. Los libros seguían en su sitio, algunos cubiertos por una fina capa de polvo. Pasé los dedos por los lomos: Iker Jiménez, Javier Sierra, un volumen de tapas rojas que había dejado a medias. No dijeron nada, pero lo dijeron todo.

Me senté, por fin, en el sillón frente a la ventana. Desde allí observé las ramas del árbol del vecino moverse con el viento. Niños jugando en la calle. Personas paseando a sus perros. Una anciana empujando un carrito de la compra. La vida había continuado. El mundo no se había detenido mientras yo aprendía a volver a caminar. Aquella certeza me conmovió más de lo que esperaba.

Yolanda regresó con una taza de leche fría con chocolate. La tomé con ambas manos. Temblaban, pero se mantenían firmes.

—¿Cómo se siente? —preguntó.

—Como en casa no hay nada —respondí, y eso no se puede comparar con nada.

Sonrió. Se sentó a mi lado y apoyó la mano sobre mi pierna. No hablamos durante un rato. No hizo falta. Respiramos juntos, en calma.

Esa noche dormí en nuestra cama. No en la posición habitual ni con los movimientos de siempre. Me acomodé despacio, escuchando cada músculo, prestando atención a cada señal del cuerpo, cuidando los puntos que aún quedaban por retirar. Yolanda se acostó a mi lado, sin abrazarme. Supo leer el miedo, la fragilidad, la necesidad de espacio, solo se volvió y se quedó mirándome, hasta que el sueño pudo con ella. Me dormí escuchando su respiración. Y en medio de la oscuridad comprendí que, por fin, estaba en casa.

A la mañana siguiente desperté con la luz entrando por la ventana. No hubo timbres ni pasos apresurados ni pitidos de máquinas. Solo el canto de los pájaros y el olor del pan tostado. Bajé de la cama con dificultad, ayudándome de la pared y del pasamanos que se había colocado meses atrás. Me duché sentado, con ayuda. Me vestí con ropa que no era de hospital, aunque me quedara grande. Volví a ser dueño de mis prendas, de mi cuerpo y, poco a poco, de mis decisiones.

El desayuno fue lento. Mis dos niñas me trajeron un dibujo y me dijeron que me habían echado mucho de menos. Me abrazaron con fuerza. Me dolió el cuerpo, pero no me importó. Era un buen dolor. Dolor de vida. Esa mañana se me saltaron las lágrimas mientras comía unas tostadas, y nadie me preguntó por qué.

Las primeras semanas en casa fueron una mezcla extraña de alivio y ansiedad. El hogar era un refugio, pero también un espejo. Por las noches me despertaba esperando oír el zumbido de las máquinas del hospital. En su lugar encontraba silencio. Un silencio tan profundo que me obligaba a mirarme por dentro.

Hubo recaídas. Días de dolor insoportable. Días en los que la tristeza pesaba más que el cuerpo. Supongo que todo era mental. Y también hubo días de luz: el primer trayecto hasta la puerta sin ayuda, el primer paseo hasta la esquina, el primer baño sin supervisión. Cada logro era una victoria íntima, una confirmación de que estaba regresando, aunque no al mismo lugar.

Yolanda fue el faro que me iluminaba durante las noches de penumbra. Me cuidó con una delicadeza consciente, entendiendo que el cuerpo puede sanar antes que la mente. Me dio espacio cuando lo necesité y compañía cuando la pedí.

Me amaba con una ternura silenciosa, como es ella. Una noche, después de cenar, me dijo:

—No me importa si no vuelves a ser el de antes. Me basta con que estés bien. Con que estés aquí, ahora.

Ahí comprendí que la verdadera recuperación no era solo caminar, sino aceptar que habíamos cambiado. Que todos habíamos atravesado algo. Que también ella se había transformado.

Ahí fue cuando me surgió la idea de escribir este libro. Estaba en mi mente cuando estaba en el hospital, y tomó forma aquí, de madrugada, frente al ordenador. Escribía sobre el dolor, la fuerza mental y hasta dónde podía llegar el límite de mi cuerpo, de mi alma y de mi mente, pero también sobre la belleza de las pequeñas cosas. Sobre cómo el sonido del agua al hervir podía ser música. Sobre cómo la luz atraviesa las cortinas como una caricia. Sobre cómo el silencio también puede abrazar. Y, sobre todo, las risas y los juegos de mis hijas, que me devolvieron la vida cuando estuve a punto de soltarla. Esa vida que hubo momentos en la que no la quería, ya que tiraba la toalla porque no ha sido fácil, pero ahí estaban los míos, Yolanda, Migue y Silvia estuvieron ahí para recogerla y devolvérmela.

Un día regresé al hospital, esta vez como paciente ambulatorio. Me daba miedo subir a planta. Quise saludar a quienes me cuidaron, agradecerles, demostrarles que había valido la pena. No fui capaz. Al acercarme al ascensor, los recuerdos pesaron más que las piernas. Me detuve. Y entendí que algunos pasos aún no estaban listos.

Las pruebas médicas fueron bien. Rayos, controles, rutina. Luego entré en la consulta del doctor Pérez Abela. Estaba sentado revisando mi historial. Le daba la claridad a su espalda y cuando levantó la mirada se levantó y me dio la mano con suavidad, como cuando le das la mano a un hijo al cruzar la calle.

—Me lo hiciste pasar mal aquel día que no sentías las piernas en la UCI —me dijo a modo de saludo.

—Yo me acuerdo del pellizco en el gemelo, parece que me duele todavía— respondí. Creo que me duele aún. Y los dos, más bien en este caso los tres, nos echamos a reír, ya que estaba mi mujer acompañándome, como hacía siempre.

—Ya ha pasado todo —continuó—. Ahora toca recuperarse y disfrutar de tu mujer, de las niñas y de tu madre, que son las mejores personas para poder recuperarse uno en casa. Pero eso sí, tómatelo con calma, que esto ya depende de ti, y sé cómo eres. No aguantes dolores por aguantar. Si ves que no llegas a la hora de la medicación siempre te puedes tomar un rescate, pero conociéndote como te conozco no te hará falta, tú eres un tío fuerte y tienes una tolerancia al dolor muy alta. —Yo asentí. —Por cierto —añadió—, tu Granada está a punto de ascender. —Claro que sí, no tengo ninguna duda.

Y ahí se quedó esa conversación, de revisión médica, en nuestro gusto por el deporte, ya que a él le gusta mucho el ciclismo de montaña, supongo que será porque en esos momentos, cuando está subido en su bicicleta, se siente como un alma libre que se fusiona con la naturaleza.

Salí de la consulta con paso lento, pero firme. El cuerpo aún dolía. El camino no había terminado. Pero, por primera vez en mucho tiempo, supe que ya estaba de vuelta.

17

Tres años después

Han pasado tres años. A veces lo pienso y me cuesta creerlo. Tres años desde aquellas operaciones que marcaron un antes y un después. Desde el halo, los días interminables en la UCI, el regreso a casa con el cuerpo roto, el alma herida y la mente suspendida en otro lugar.

Tres años desde que el andador era una extensión de mis pasos y el dolor formaba parte del lenguaje cotidiano. Y, sin embargo, aquí estoy:

Vivo.

Camino.

Respiro.

Rio.

No soy el de antes. Y no quiero serlo. Todo lo ocurrido me transformó. Me arrebató cosas, pero también me devolvió partes de mí que no sabía que había perdido. Aprendí a mirar la vida de otra manera. Quizá con los mismos ojos de siempre, pero abiertos de verdad.

Hoy despierto con la luz del invierno entrando por la ventana. Silvia continúa con su trabajo en el centro de Granada. Yolanda, mi hija mayor, me regala abrazos breves antes de ir al colegio; en su mirada sigue viviendo esa mezcla de asombro y amor que me desarma. Ángela, la pequeña, corre hacia mí cuando voy a recogerla y me da su «superabrazo», como ella lo llama. Tres años más cansado. Tres años más sabio.

Yolanda sigue a mi lado. Siempre.

A veces la observo por la mañana, mientras toma su descafeinado, y pienso que sin ella no estaría aquí. No solo en este salón, sino en este estado de vida. Fue mi ancla cuando todo se movía; mi luz cuando no veía salida; el viento que me empujó cuando no tenía fuerzas.

La rehabilitación no terminó al salir del hospital. Continuó en casa, en centros de fisioterapia, en recorridos hechos con miedo, en conversaciones lentas con mi propio cuerpo. Aprendí que no todo dolor es enemigo. Que, a veces, el dolor también guía. Aprendí a escucharme, a no exigirme como antes, a respetar mis límites sin rendirme.

He vuelto a escribir. No solo por necesidad, sino por amor y por si pudiera ayudar a las personas que han pasado por mi situación o vayan a pasar, que es un camino largo, pero que ese camino tiene su recompensa. Tienes que luchar mucho, no te voy a decir que no, pero en esta vida todo es una lucha.

Soñé todo esto, el publicar fue algo que vino después, casi por accidente. Se lo mandé a unas diez editoriales por correo electrónico. Leyeron uno de mis manuscritos, y me propusieron reunirlas en un libro. Acepté sin muchas expectativas. Lo que ocurrió luego me sorprendió, cientos de mensajes de personas que se reconocían en mis palabras, que habían atravesado sus propias batallas. Gente agradecida no por una solución, sino por una compañía. Me lo decían en mi red social y eso me cambió.

Empecé a dar charlas. Primero en hospitales, después en centros culturales, colegios y bibliotecas. Hablaba del dolor, sí, pero sobre todo del valor de seguir. Del coraje de levantarse cuando el cuerpo no responde. De la belleza de lo cotidiano.

Descubrí que hablar cura, no solo a quien escucha, también a quien se atreve a decir. Todo esto último era mi sueño, lo que soñaba todas las noches, las charlas, los colegios, las bibliotecas…

Descubrí que hablar cura, no solo al que escucha, también al que dice. Este fue mi sueño, pero también será un sueño que eso ocurra, que pueda ayudar a las personas que lo necesiten. Hablar con esas personas que lo puedan estar pasando mal y, sobre todo, con sus familiares, que son los que nos soportan en esos días grises que seguro hemos pasado todos alguna vez que otra.

Con el tiempo volví a viajar. El primer trayecto fue corto, apenas una hora, pero lo viví como una expedición. Observaba las ruedas rodar sobre el asfalto, las nubes desplazarse lentamente sobre mí. Caminé por otra ciudad. Volví a pasear por Granada, junto al río Darro, a los pies de la Alhambra. Visité a un amigo en su restaurante. Más tarde llegó el mar. Yolanda conducía; las niñas dormían en el asiento trasero. También viajamos a una pequeña urbanización en Murcia. Estuvimos bien. Muy bien. Allí, frente al horizonte, empecé a escribir este libro en las notas del móvil: el título, el prólogo, la contraportada, los primeros capítulos… Cuando me di cuenta, la historia ya estaba allí.

Mis hijas crecieron. Me miran con una mezcla de admiración y pudor. Saben que su padre pasó por algo fuerte, que pasó por su propia guerra, pero ya no me tratan como a un héroe, cosa que considero que no lo soy ni lo seré, tampoco me tratan como a un enfermo, por mucho que me cuiden. Me tratan como a su padre. Y eso me basta. Me cuentan sus cosas, me piden consejo, me ignoran cuando quieren silencio y me llaman cuando quieren algo. Como debe ser.

Yolanda y yo también cambiamos. El dolor nos removió por dentro, pero también nos limpió. Aprendimos a hablarnos, a perdonarnos los silencios, a sostenernos sin que uno cargue con todo. Entendimos que el equilibrio es eso: cuando uno puede más, da más. Cuando no, el otro sostiene. Algunas noches hablamos de lo vivido. Otras, simplemente nos damos la mano frente al televisor. La intimidad no siempre necesita palabras. A veces basta con estar.

Hace poco visité de nuevo el hospital. No como paciente. Era un control rutinario, todo estaba donde tenía que estar, todo perfecto. Cuando salí, le volví a dar las gracias de nuevo, pero el doctor me miró como si quisiera darme las gracias él a mí, no sé por qué, pero esa fue mi sensación.

Hoy camino sin andador. A veces cojeo, otras no. Suelo hacerle la broma a mi mujer. Al principio se asustaba, pero ya no se asusta, porque sabe que se lo hago de broma. Sé que el cuerpo recuerda, pero también perdona. La mente es la que más tarda en sanar. Sigo con pesadillas y me cuesta mucho dormir en algunas ocasiones, supongo que será por todo lo que he pasado. Sigo escribiendo algunas ideas que tengo. Sigo leyendo, sobre todo a mi Iker Jiménez.

He vuelto a reír con ganas, a ver los partidos de mi Granada, voy a todos los que puedo para ocupar mi asiento, en otras ocasiones los escucho, aunque sea desde la cocina. Volví a planear viajes, a abrazar fuerte, a enseñar a mis hijas el abrazo familiar, en él, todos nos abrazamos y dejamos todo lo que estemos haciendo, también volví a llorar cuando hace falta.

Y si algo he aprendido en estos tres años es esto, no hay cicatriz que no tenga algo de belleza. Porque cada una habla de una herida cerrada, de una batalla librada, de una batalla ganada, de un regreso.

Y yo, al fin, regresé.

Con estas últimas líneas quiero dar las gracias a todas esas personas que han estado ahí, que me han cuidado y que me han aguantado. A mis hermanos, Migue y Silvia, y en especial a mi mujer, Yolanda, por no dejarme solo en la batalla que en algunos momentos tenía perdida, pero gracias a ella se ganó.

Y cómo olvidarme de mi médico, el doctor Antonio Pérez Abela, que gracias a él estoy como estoy, andando y, sobre todo, por esa humildad y esa lucha constante que ha tenido consigo mismo. A él y a todo su equipo de profesionales les doy las gracias. Él sabe que lo queremos como si fuera de nuestra familia. Le deseo lo mejor a él y a toda su familia.

18

La que se quedó

Nunca supe en qué momento exacto Yolanda empezó a sostenerme, antes incluso de que yo supiera que me iba a caer. Tal vez fue mucho antes del hospital, antes del halo, antes de los informes médicos y las habitaciones blancas. Tal vez fue siempre. En su forma de mirar un poco más allá, como si intuyera que algún día tendría que hacerlo por los dos.

Cuando mi cuerpo se volvió un territorio incierto y mi nombre empezó a ir acompañado de diagnósticos, ella no se transformó en heroína ni en mártir. Se convirtió en algo más difícil: en presencia. Presencia constante, firme, silenciosa. No huyó cuando el miedo se instaló. No levantó la voz cuando el cansancio pesó más que el amor. No exigió explicaciones cuando el dolor no sabía explicarse.

Estuvo allí cada mañana, incluso cuando no podía entrar. En los pasillos, en las salas de espera, en las sillas incómodas donde el tiempo se dilata y la esperanza se mide en minutos. En las mochilas cargadas de papeles, de ropa limpia, de comida que muchas veces ni tocaba. En los mensajes que no siempre respondía, pero que releía una y otra vez.

Aprendí a reconocer su llegada antes de verla. No por el sonido de sus pasos, sino por algo que se ordenaba dentro de mí. El cuerpo podía estar roto, pero había una calma que regresaba cuando ella cruzaba la puerta. Su forma de sentarse sin ruido, de acercarse despacio, de colocar la mano cerca de la mía sin invadirme. Nunca me habló como a un enfermo. Nunca me habló como a un niño. Me habló como a un hombre atravesando algo demasiado grande, al que había que respetar incluso en la fragilidad.

Mientras yo luchaba por mover una pierna, ella sostenía una casa entera. Mientras yo aprendía a respirar sin miedo, ella enseñaba a nuestras hijas a no tenerlo. Les inventaba rutinas, juegos, explicaciones sencillas para preguntas imposibles. Les decía que papá estaba luchando, que era fuerte, que volvería. Lo decía sin prometer lo que no podía asegurar, pero sin permitir que la incertidumbre se llevara la ternura.

Nunca me contó del todo su cansancio. Lo vi en los ojos, en los silencios largos, en la manera de sentarse al final del día. Lo vi en las noches en las que regresaba a casa sola, con la cabeza llena de pitidos que no había escuchado directamente, pero que conocía de memoria. Aprendió a ser dos personas a la vez: la que cuidaba y la que resistía.

Hubo momentos en los que yo no podía ofrecer nada. Ni conversación ni ánimo ni siquiera presencia real. Estaba encerrado en un cuerpo que no respondía y en una mente que iba más lenta que el mundo. Yolanda no reclamó. Esperó. Entendió que había batallas que debía librar solo, y otras que, aunque no pudiera pelear conmigo, podía vigilar desde la orilla.

Cuando llegó el miedo verdadero, el de la segunda operación, ella no lo negó. Lo sostuvo. Me miró a los ojos sin adornos, sin dramatismos. Me dijo que tenía miedo. Y aun así prometió estar allí cuando despertara. No fue una frase bonita, fue un compromiso silencioso que cumplió.

En la UCI, cuando yo apenas era consciente, habló por mí. Preguntó, escuchó, anotó. Aprendió nombres de medicamentos, horarios y procedimientos. Se convirtió en un puente entre los médicos y un hombre que a veces no podía ni formular una pregunta. Y cuando yo dudé de mi propio cuerpo, cuando creí haber perdido algo irrecuperable, fue ella quien sostuvo la calma hasta que la realidad volvió a encajar.

El regreso a casa no fue un final feliz inmediato, fue otro comienzo difícil. Yolanda lo entendió antes que yo. No lo celebró como si todo hubiera terminado. Ajustó la casa, los tiempos, las expectativas. Me ayudó a ducharme sin hacerme sentir pequeño. Me ayudó a vestirme sin prisa. Me dejó caer sin rescatarme demasiado pronto. Supo cuándo empujar y cuándo detenerse.

Hubo noches en las que me escuchó respirar mal y se quedó despierta sin decírmelo. Días en los que cargó con mi mal humor, con mis silencios, con mis miedos disfrazados de carácter. Nunca me pidió que fuera el de antes. Me permitió ser quien era en cada etapa, incluso cuando yo no sabía quién era.

Con ella aprendí que el amor no siempre se manifiesta en gestos grandes. A veces es retirar un vaso antes de que caiga. A veces es una frase sencilla en el momento justo. A veces es callar cuando hablar solo añadiría ruido. A veces es insistir cuando el otro quiere rendirse.

Yolanda no me devolvió a la vida que tenía, me acompañó a construir otra. Más lenta, más consciente, más frágil y, por eso mismo, más verdadera. Me enseñó que cuidar no es anular, que amar no es salvar, que estar no siempre significa hacer.

Si hoy camino, si hoy escribo, si hoy puedo mirar atrás sin romperme del todo, es porque ella estuvo donde había que estar cuando no había manual ni garantías ni descanso. Porque eligió quedarse cada día, incluso en los peores momentos. Porque sostuvo mi nombre cuando yo no podía sostenerme a mí mismo.

Este capítulo no es un homenaje exagerado, es una constatación.

Yo sobreviví a una enfermedad.

Ella sostuvo una vida entera mientras tanto.

Y eso no se olvida. Nunca.

Millones de gracias.

Jesús

FIN

Agradecimiento especial

Al Dr. Antonio Pérez Abela (Hospital Virgen de las Nieves, Granada). Hay nombres que se graban en el alma porque representan mucho más que un recuerdo. El suyo, doctor, es uno de ellos.

Cuando la vida me llevó hasta la habitación 623 del Hospital Virgen de las Nieves de Granada no solo me enfrenté al dolor físico, sino al miedo de lo desconocido. También me encontré con la fragilidad de la mente, con la soledad que habita en los pasillos silenciosos y con el peso invisible de la incertidumbre. Y allí, en medio de esa batalla entre la fe y el miedo, apareció usted.

No sé si fue el destino, la casualidad o la mano de Dios, pero su presencia se convirtió en un punto de luz dentro de la oscuridad. Su voz tranquila, su manera de explicar cada paso con humanidad, su mirada que transmitía seguridad incluso en los momentos más duros y difíciles… Todo esto fue una medicina que no se receta, pero que salva.

Recuerdo cada una de sus palabras como si se hubieran quedado suspendidas en el aire: «Vamos a hacerlo juntos, saldremos adelante», me dijo una vez.

Y así fue. Porque usted no solo me trató como a un paciente, sino como a un ser humano. En un mundo donde a veces el tiempo y la rutina pueden volver frío el oficio de curar, usted mantuvo vivo lo esencial: la compasión, la cercanía y la fe en el otro.

Usted no se limitó a operar una columna; sostuvo una vida que se tambaleaba, reconstruyó una esperanza rota y me enseñó que la medicina, cuando nace del corazón, puede tocar el alma.

En los días más oscuros, cuando el dolor era insoportable y el halo pesaba más que mis fuerzas, su confianza fue el hilo que me mantuvo unido a la vida.

Nunca olvidaré aquella calma que me transmitía cada vez que entraba por la puerta, el respeto con el que le hablaba a mi familia y la fuerza silenciosa que nos daba a todos.

Gracias, doctor, por cada palabra, por cada visita, por cada gesto humano que tuvo conmigo. Gracias por mirar más allá de un diagnóstico y ver a la persona que había detrás de los tornillos, de las cicatrices y del miedo. Gracias por no rendirse, por su compromiso, por hacer de su profesión un acto de entrega.

Hoy, cuando miro atrás y repaso lo vivido, sé que *Prisionero del halo* no solo es mi historia, también es la suya. Porque sin su dedicación, sin su sabiduría y sin su corazón, esta historia no habría tenido final.

A usted le debo mucho más que una recuperación. Le debo la posibilidad de volver andar, a abrazar a mis hijas, de reír con mi mujer, de mirar a mi madre y decirle: «Estoy aquí, seguimos adelante».

Por todo eso, por cada día, por cada paso y por cada vida que ha devuelto a su camino, le dedico estas palabras desde lo más profundo de mi gratitud y de mi corazón.

Gracias, doctor. Gracias por ser médico, por ser humano y por ser luz.